Cette Europe malade du néolibéralisme

L'urgence de désobéir

Attac
Fondation Copernic

Cette Europe malade du néolibéralisme

L'urgence de désobéir

COORDONNÉ PAR
PIERRE KHALFA • DOMINIQUE PLIHON,
JACQUES RIGAUDIAT • AURÉLIE TROUVÉ

ONT CONTRIBUÉ À CET OUVRAGE

CHRISTOPHE AGUITON, *sociologue, militant altermondialiste* • **AMÉLIE CANONNE**, *présidente de l'Aitec* • **MAXIME COMBES**, *économiste, membre du Conseil scientifique d'Attac* • **ALEXIS CUKIER**, *philosophe, membre de la Fondation Copernic* • **THOMAS COUTROT**, *économiste, membre du Conseil scientifique d'Attac* • **MICHEL HUSSON**, *économiste* • **PIERRE KHALFA**, *économiste, membre de la Fondation Copernic* • **ALICE PICARD**, *membre du Conseil d'administration d'Attac* • **DOMINIQUE PLIHON**, *économiste, membre du Conseil scientifique d'Attac* • **PHILIPPE MARLIÈRE**, *professeur de sciences politiques* • **CHRISTIANE MARTY**, *ingénieure chercheuse, membre de la Fondation Copernic* • **UGO PALHETA**, *sociologue, membre de la Fondation Copernic* • **JACQUES RIGAUDIAT**, *économiste, membre de la Fondation Copernic* • **CLAIRE RODIER**, *juriste, directrice du Gisti* • **CATHERINE SAMARY**, *économiste, membre du Conseil scientifique d'Attac* • **BRUNO THÉRET**, *économiste* • **AURÉLIE TROUVÉ**, *économiste, membre du Conseil scientifique d'Attac* • **PETER WAHL**, *membre du Comité Exécutif de l'ONG* WEED, *Berlin*

ÉDITIONS LES LIENS QUI LIBÈRENT

ISBN : 979-10-209-0723-3

Introduction

L'Europe a été le grand absent du mouvement des «gilets jaunes». À aucun moment la question n'est apparue parmi leurs préoccupations. Pourtant, dans le cours même de leur mouvement, ils en sont arrivés à être porteurs d'exigences démocratiques concernant la participation populaire aux décisions et les formes institutionnelles qu'elle pourrait prendre. Mais l'Europe est restée hors champ, alors même que les décisions prises dans le cadre de l'Union européenne (UE) ont des conséquences majeures sur la vie quotidienne de la grande majorité de la population. Cette attitude, qui semble partagée par la grande masse de nos concitoyens est-elle le signe d'une indifférence? Cela ne semble pas être le cas, car toutes les enquêtes d'opinion convergent pour montrer que, si le refus de l'Europe telle qu'elle est paraît général, la grande majorité reste attachée à l'idée d'Europe. Plutôt que d'indifférence, il vaudrait donc mieux parler d'impuissance. Face à une Union européenne dont le fonctionnement antidémocratique est patent et dont les décisions apparaissent au mieux indifférentes au sort des gens, au pire comme l'aggravant consciemment, il paraît difficile, sinon impossible, de changer le cours des choses.

Pourtant, l'UE est dans une crise existentielle. Pour la première fois, un pays, et non des moindres, le Royaume-Uni, a décidé de la quitter. On peut certes penser que ce pays, qui n'est pas dans la zone euro, a toujours été en marge de la construction européenne – refusant même d'appliquer les quelques petites réglementations sociales – et que le vote pour le Brexit a été dominé par une réaction xénophobe, il n'empêche. La logique qui prévalait jusqu'alors était celle d'une extension de l'UE à toujours plus de pays. Cette logique est aujourd'hui cassée. Mais le cas de la Grèce est encore plus exemplaire. Ce pays a subi depuis 2010 une destruction massive, consciemment mise en œuvre par les institutions et les gouvernements européens. Ces derniers ont de plus étranglé financièrement le gouvernement Syriza pour l'empêcher d'appliquer le programme pour lequel il avait été élu, le forçant à capituler. Suite à la crise financière de 2008, la zone euro a failli exploser sous l'impact de la divergence des trajectoires économiques entre les pays et de la spéculation sur les dettes publiques. Si, après moult atermoiements, la Banque centrale européenne (BCE) s'est décidée à intervenir vigoureusement, cela n'a pas empêché la mise en œuvre de politiques d'austérité massive qui ont amené l'UE au bord de la déflation, entraînant récession puis stagnation économique, la reprise poussive qui a suivi battant déjà de l'aile en ce début de 2019.

Mais ce n'est pas tout, les gouvernements et les institutions européennes ont mis en place à rythme forcé les instruments politiques et juridiques pour rendre les politiques néolibérales irréversibles. De nouvelles règles (*Six-pack*, *Two-pack*) et le pacte budgétaire de 2012 (Traité pour la stabilité, la coordination et la gouvernance) ont ainsi durci l'obligation d'austérité et le contrôle des politiques économiques des États par la Commission européenne. Ils sont même allés jusqu'à les faire inscrire dans le marbre des constitutions nationales, afin de les rendre irréversibles. Les politiques économiques et sociales, réduites à l'application de normes disciplinaires, sont exclues du débat public et de la décision démocratique. Un fédéralisme autoritaire s'est ainsi mis en place.

Efficace, donc, pour imposer des politiques économiques et sociales régressives, ce fédéralisme autoritaire n'a pas empêché que l'UE soit paralysée devant une arrivée de migrants qu'elle n'aurait pourtant eu aucun mal à accueillir. Le refus de l'accueil a été, *in fine*, l'attitude dominante et s'est accompagné d'un refus de plus en plus net du sauvetage en mer. Au-delà des mots, la politique vis-à-vis des migrants d'un Macron n'a rien à envier à celle de Salvini. Car, produit de la crise, du sentiment de dépossession des peuples et de la débâcle des « partis de gouvernement » à laquelle amène ce déni de démocratie, l'extrême droite est en progression partout et déteint de plus en plus sur la droite classique. Cette extrême droite s'accommode fort bien du néolibéralisme, mais veut reconfigurer le continent pour promouvoir une Europe autoritaire des nationalismes.

Face à cette offensive, le projet d'Emmanuel Macron, visant à unir les « progressistes » pour une réforme de la zone euro, manque à la fois d'ambition et de crédibilité.

D'ambition, car il ne propose qu'une réforme *minimale* qui ne remet pas en cause les fondamentaux d'une Europe néolibérale et antidémocratique, puisqu'il s'agit au contraire pour lui de les conforter. De crédibilité, car, même *a minima*, ce projet est inacceptable pour de nombreux pays qui y voient soit une mise à l'écart, soit une intégration plus poussée dont ils ne veulent pas. La mise en place d'un budget de la zone euro, qui était une des propositions phares du gouvernement français, a d'ailleurs été quasi réduite à néant lors du sommet européen de décembre 2018. Ce projet, visant à opposer « progressistes » pro-européens et nationalistes, Emmanuel Macron veut le mettre en scène. Gageons qu'il ne sera pas avare de bonnes paroles, comme lorsqu'il déclare le 6 novembre sur Europe 1 qu'il faut entendre les « peurs » face à une « Europe ultralibérale qui ne permet plus aux classes moyennes de bien vivre [1] ». Mais qui peut le croire, alors même que, depuis son élection, il n'a de cesse de vouloir modeler le pays selon les critères du néolibéralisme pour en faire une « start-up nation » ?

N'y aurait-il donc aucune alternative et serions-nous condamnés à errer entre un fédéralisme néolibéral autoritaire et un nationalisme, non moins néolibéral, mais antieuropéen ? Ce livre veut répondre à cette question. Il explicite d'abord les racines historiques de la situation actuelle et met en évidence comment le caractère bancal de l'Union économique et monétaire (UEM) a fait de la monnaie unique une monnaie construite sur du sable. L'euro est non seulement devenu un carcan pour les

1. Cité par *Le Monde*, 18 décembre 2018.

peuples européens, mais il s'est, de plus, révélé porteur de crise avec l'échec du processus de convergence des économies et l'impossibilité, inscrite dans les traités, de toute solidarité européenne. S'il montre le caractère économiquement hasardeux et politiquement aléatoire d'une stratégie faisant de la sortie de l'euro un préalable, ce livre esquisse les voies et les moyens pour transformer la situation actuelle. La stratégie proposée passe par un affrontement avec les institutions européennes et les marchés financiers, car aucun changement substantiel n'aura lieu sans mobilisations populaires débouchant sur une rupture politique d'un ou plusieurs pays avec les orientations actuelles et l'ouverture d'une crise majeure en Europe.

Porté par de tels mouvements, un gouvernement de gauche devrait prendre un certain nombre de mesures unilatérales, en précisant qu'elles sont vouées à être étendues à l'échelle européenne. Il s'agirait de mesures unilatérales coopératives, en ce sens qu'elles ne seraient dirigées contre aucun pays, contrairement aux dévaluations compétitives, mais contre une logique économique et politique, et que plus le nombre de pays les adoptant serait important, plus leur efficacité grandirait. C'est donc au nom d'une autre conception de l'Europe qu'un ou plusieurs gouvernements de gauche devraient mettre en œuvre des mesures rompant avec la construction actuelle de l'UE. Ainsi, par exemple, ils refuseraient d'appliquer un certain nombre de directives et prendraient des mesures contraires au contenu des traités. Ils s'engageraient résolument dans des politiques de transition écologique, de redistribution des richesses et de réduction du temps de travail qui permettraient de réduire fortement le chômage.

Une telle attitude montrerait concrètement qu'il existe des politiques susceptibles de remplacer les politiques néolibérales. Elle se heurterait certainement à l'hostilité et au sabotage des multinationales, des institutions de l'Union et des autres gouvernements européens, d'où la nécessité de prendre dès l'origine des mesures permettant de se protéger contre un éventuel étranglement financier. L'issue de ce bras de fer n'est pas jouée d'avance. Tout dépendra des rapports de force qui pourront être construits à l'échelle européenne, et qu'il convient d'ailleurs de préparer sans attendre, dès maintenant, avec toutes les forces européennes de gauche. La désobéissance aux traités et directives européennes, en commençant dans un pays, peut être conçue et popularisée, non comme l'amorce d'un éclatement des solidarités européennes, mais au contraire comme un outil capable d'accélérer l'émergence d'une communauté politique, un embryon de «peuple européen». Rompre avec l'UE en désobéissant aux traités dans une perspective de refondation d'un nouveau projet européen, telle est l'optique que défend ce livre.

Le premier chapitre est consacré à un historique de la construction européenne, avec ses grandes étapes, sans lequel on ne peut comprendre sa dérive néolibérale et sa crise actuelle. Le chapitre 2 montre comment la monnaie unique est l'instrument des politiques néolibérales, fondées sur l'austérité, qui contribuent à amplifier la crise et les divergences entre économies de la zone euro. Le chapitre 3 pointe la faillite de la solidarité européenne en prenant comme exemple la politique migratoire et analyse les raisons de la montée de l'extrême droite en Europe. Les résistances aux politiques néolibérales et à leurs dégâts considérables ont pris des formes très variées avec des mouvements comme le municipalisme ou *Podemos* en Espagne : c'est l'objet du chapitre 4 de les décrire. Le chapitre 5, enfin, s'emploie à montrer qu'il existe des politiques de rupture et de refondation de la construction européenne sur des bases altermondialistes, fondées sur la solidarité et la mise en œuvre de la transition écologique et sociale.

CHAPITRE 1

De continuité en ruptures, l'imposition progressive du néolibéralisme

La construction européenne a aujourd'hui le visage de la « troïka », cet assemblage de hauts fonctionnaires de la Commission européenne, de la Banque centrale européenne (BCE) et du Fonds monétaire international (FMI) débarquant en Grèce pour vérifier l'application des plans d'austérité qui entraînent toujours plus la population dans la pauvreté. Baisse du coût du travail et coupes drastiques dans les dépenses publiques sont devenues l'alpha et l'oméga des politiques européennes, et la stagnation économique, quand ce n'est pas la récession, devient le rythme de croisière de l'économie du Vieux Continent.

Cette crise de l'UE vient de loin et les populations la ressentaient déjà. En témoignent le taux de participation de plus en plus faible aux élections européennes, le rejet du Traité constitutionnel européen (TCE) par les peuples français et néerlandais, ou celui du Traité de Lisbonne par les Irlandais. Ils constituaient certes des éléments gênants pour les classes dirigeantes, mais qui, après tout, ne remettaient pas en cause l'essentiel pour elles. Elles pouvaient ainsi espérer que, le Traité de Lisbonne ratifié, tout allait pouvoir continuer comme avant.

La crise financière, qui a rapidement muté en crise économique globale, est venue remettre frontalement en cause cette tranquillité affectée. Elle a vu l'Union incapable de répondre d'une seule voix à la crise, le plan de relance européen n'étant que la juxtaposition des plans de relance nationaux. Pis, la zone euro, vantée pour sa stabilité, a été la proie des attaques spéculatives des marchés financiers et a été sur le point de s'effondrer. Au nom de la réduction de la dette publique, des politiques d'austérité massive ont été imposées aux populations et se sont accompagnées de la mise en place d'un fédéralisme autoritaire, illustré par la directive et les règlements *Six-pack*, *Two-pack* et le Traité sur la stabilité, la coordination et la gouvernance (TSCG) de la zone euro.

Pour comprendre comment l'UE en est arrivée là, un retour sur son histoire est nécessaire. Elle est faite à la fois de continuité et de ruptures. On peut distinguer quatre périodes : de 1957 à 1986, l'installation et le développement du Marché commun ; de 1986 à 2004, le tournant de l'Acte unique et ses conséquences ; de 2004 à 2007, la consolidation du modèle néolibéral ; depuis, notamment avec le Traité sur la stabilité, la coopération et la gouvernance (TSCG) de la zone euro en 2012, c'est un néolibéralisme autoritaire qui s'est progressivement installé et que symbolise parfaitement le mot de Jean-Claude Juncker lors de l'arrivée de Syriza au pouvoir : « Il ne peut y avoir de choix démocratique contre les traités européens ».

Le Marché commun : un libéralisme encadré

La Communauté économique européenne (CEE) est mise en place par le Traité de Rome de 1957. Pour certains « son inspiration néolibérale sautait aux yeux dès l'origine [1] ». Cette analyse s'appuie sur le fait que de nombreux penseurs plus ou moins néolibéraux (Jacques Rueff, Friedrich Hayek...) ont été des fervents partisans de la construction européenne et sur le contenu largement libre-échangiste du traité. Si ces aspects sont indéniables, cette analyse passe cependant à côté de l'essentiel. Contrairement à l'Association européenne de libre-échange (AELE) initiée par le Royaume-Uni [2] pour contrebalancer la CEE, cette dernière se fixe un objectif politique, celui d'« établir les fondements d'une union sans cesse plus étroite entre les peuples européens ». Cet objectif ne peut se comprendre que dans le contexte suivant la Seconde Guerre mondiale. Il s'agit après deux guerres mondiales, « la guerre civile européenne [3] », d'assurer définitivement la paix, notamment entre la France et l'Allemagne. Certes, cette construction se meut dans un espace dominé par l'impérialisme américain, mais pouvait-il alors en être autrement dans un monde bipolaire, où l'autre choix était de s'intégrer à la domination soviétique ?

1. François Denord, Antoine Schwartz, *L'Europe sociale n'aura pas lieu*, Paris, Raison d'agir, 2009. Cette thèse est reprise pour l'essentiel par Cédric Durand dans l'ouvrage qu'il a dirigé : *En finir avec l'Europe*, Paris, La Fabrique, 2013.

2. L'AELE, créée en 1960, regroupe à l'origine, outre le Royaume-Uni, le Danemark, la Norvège, la Suisse, le Portugal, l'Autriche et la Suède.

3. Enzo Traverso, *À feu et à sang. De la guerre civile européenne 1914-1945*, Paris, Stock, 2007.

Le Traité de Rome, qui n'aborde pas cette question géopolitique, prévoit la mise en place d'un marché commun, d'une union douanière et de politiques communes. Il est indubitablement porteur d'une logique libérale, se fixant comme objectif de créer « un marché intérieur caractérisé par l'abolition, entre les États membres, des obstacles à la libre circulation des marchandises, des personnes, des services et des capitaux ». Mais cette libéralisation, et notamment la suppression progressive des droits de douane entre États membres, se fait dans un espace économique et social relativement homogène, les six pays fondateurs [1] ayant des systèmes économiques et sociaux proches. La question de la concurrence entre les États membres se posait donc alors dans des termes très différents d'aujourd'hui et, de fait, elle ne s'est pas accompagnée d'un dumping fiscal et social.

Au contraire, cette période voit – au moins jusqu'au milieu des années 1970 – l'approfondissement de la construction de l'État social, avec le développement de la protection sociale, une extension des droits des salariés et une élévation du niveau de vie des populations. La volonté d'égalité entre les femmes et les hommes fut affirmée dès le Traité de Rome avec l'article 119 sur l'égalité salariale [2]. Du fait du manque d'ardeur des États à l'appliquer, des

1. Il s'agit de la France, de la République fédérale d'Allemagne, de l'Italie, de la Belgique, des Pays-Bas et du Luxembourg.

2. C'est d'ailleurs sous l'insistance de la France qu'a été intégré cet article, dont l'intention était moins de défendre les droits des femmes que d'éviter la concurrence avec la main-d'œuvre féminine d'autres pays : la France pensait être plus en avance dans la réalisation de l'égalité salariale…

directives successives ont progressivement complété cet article et construit tout un édifice en faveur d'une telle égalité. Les évolutions ci-dessus se sont faites dans le prolongement de la déclaration d'intention du Traité de Rome, qui se fixe dans son préambule comme « but essentiel l'amélioration constante des conditions de vie et d'emploi ». Bien loin donc du néolibéralisme [1].

De plus, le traité met en place une union douanière avec un tarif extérieur commun sur les produits des États non membres de la Communauté. La logique libre-échangiste contenue dans le Traité de Rome s'arrête ainsi aux frontières de la Communauté. Enfin, sont mises en œuvre un certain nombre de politiques européennes communes, comme par exemple dans l'énergie nucléaire, les transports ou l'agriculture. On peut certes en discuter les contenus, mais elles ne relèvent en rien de logiques libérales. Ainsi, par exemple, la politique agricole commune (PAC) se fixe comme objectifs d'assurer la sécurité alimentaire intérieure, un revenu équitable pour les agriculteurs et des prix raisonnables pour les consommateurs, ainsi que de stabiliser les marchés. Appliquant le principe de préférence communautaire, elle intervient de façon très forte sur les échanges, les prix et les volumes de production agricoles (voir l'encadré ci-après).

1. Denord et Schwartz (*op.cit.*) font ainsi un contresens total en affirmant que l'Allemagne a « fait le choix du néolibéralisme dès 1949 ». Reprise par Durand (*op.cit.*), cette thèse, qui s'appuie sur une analyse théorique de l'ordolibéralisme allemand, réussit l'exploit de ne pas dire un mot du système de relations sociales qui s'est mis en place en Allemagne après la Seconde Guerre mondiale, système fortement mis à mal par la politique néolibérale du gouvernement Schröder à partir de 2002 (*cf. En finir avec l'Europe, op.cit.*).

Politique agricole commune : le démantèlement

La Politique agricole commune (PAC) représente encore 40 % du budget européen, soit environ 50 milliards par an et, en France, plus de 30000 euros par bénéficiaire. C'est dire l'importance de cette politique pour le monde agricole. Mais à vouloir jouer la bonne élève de l'Organisation mondiale du commerce (OMC), l'Europe la conduit dans une impasse : elle est inefficace face aux crises des revenus et incapable d'accompagner la transition écologique et sociale de l'agriculture.

Conçue en 1958, la PAC avait pour objectif explicite d'assurer la sécurité alimentaire. Il fallait pour cela déconnecter les prix agricoles européens des cours internationaux, afin de les stabiliser à un niveau suffisamment attrayant pour les agriculteurs. Ce soutien des prix dans des productions jugées stratégiques (céréales, lait et viande bovine, sucre...) passait par des achats publics à des prix minimums garantis et la constitution de stocks. Il s'accompagnait de droits de douane prélevés sur les produits importés, d'autant plus élevés que les cours mondiaux étaient bas. Ce choix revenait à reconnaître que les cours mondiaux ne pouvaient orienter la production européenne.

Très vite, la PAC s'est révélée efficace. Grâce à la stabilisation des prix, les investissements, les rendements et la productivité du travail ont fortement augmenté, s'accompagnant d'une diminution régulière des prix agricoles. Mais, dès les années 1970, le dispositif s'est grippé : la surproduction est apparue pour les céréales ou le lait et les excédents ont dû être écoulés sur le marché mondial, moyennant de coûteuses subventions à l'exportation, couvrant la différence entre les prix européens et mondiaux. Les revenus agricoles ont stagné, voire diminué à certaines périodes. L'intensification et la spécialisation des systèmes de production se sont accompagnées d'une pression croissante sur l'environnement. Pour la production bovine laitière, une tentative de réponse a été apportée: des quotas, c'est-à-dire des volumes de production maximums par État membre, et en France, par exploitation, permettant d'éviter de coûteuses crises de surproduction, tout en maintenant la production de lait dans de nombreux territoires. Une telle réponse aurait pu être généralisée à toutes les productions, avec des prix rémunérateurs et un plafonnement de la production par agriculteur. Mais ce ne fut pas ce choix qui fut retenu en 1992: pour préparer l'accord de l'Organisation mondiale du commerce de 1994, les outils fondateurs de la PAC régulant les marchés ont été progressivement démantelés et les prix européens peu à peu alignés sur les prix mondiaux. Cette libéralisation des échanges s'est inévitablement accompagnée d'une instabilité accrue des cours, qui relèvent le plus souvent du dumping, car ils correspondent aux excédents des pays les plus compétitifs. Dans ce contexte, les grandes entreprises de transformation et de distribution continuent de se tailler la part du lion sur la valeur ajoutée au détriment des agriculteurs.

En compensation, les agriculteurs européens reçoivent désormais des aides directes qui, consécutivement à leur «découplage» en 2003, sont perçues par hectare, quels que soient le type de production et son volume et le niveau des prix et des revenus. Ces aides sont censées ne pas affecter les choix de production et les signaux du marché, permettant à l'UE d'être une très bonne élève de l'OMC. Ces dizaines de milliards d'aides par an ont perdu toute forme de légitimité environnementale ou socioéconomique: 80 % des aides directes sont versées à 20 % des bénéficiaires, favorisant les plus grandes exploitations.

Certes, la montée des préoccupations environnementales depuis les années 1980 avait favorisé un verdissement de la

PAC via le renforcement des aides agro-environnementales à l'agriculture biologique ou aux zones défavorisées. Ce «deuxième pilier» de la PAC bénéficiait de fonds croissants à chaque réforme. Mais, dans la prochaine réforme, ceux-ci devraient être massivement réduits, de plus de 25 %, bien davantage que le reste des aides. Quant aux conditions écologiques supplémentaires imposées à tous les bénéficiaires des aides découplées depuis les dernières réformes, la Cour des comptes européenne estime qu'elles n'apportent «aucun bénéfice pour l'environnement».

Au-delà de ce vernis environnemental, les instances communautaires et les 27 États membres poursuivent la logique à l'œuvre et les dernières réformes ne laissent pas entrevoir d'inflexion, alors qu'on assiste, à l'inverse, à un renforcement des politiques agricoles dans la plupart des autres grands pays depuis la crise alimentaire de 2008. Quasiment seule contre tous, l'UE persiste, quant à elle, à suivre le logiciel libre-échangiste.

Les propositions pour la prochaine Politique agricole commune, qui doit s'appliquer après 2020, reflètent la déconfiture politique de l'Europe communautaire: la dérégulation des marchés est confirmée, accompagnée par une multiplication des accords de libre-échange qui finissent de démanteler les droits de douane et les protections règlementaires aux frontières. Pour faire face à la nouvelle volatilité des prix, des solutions de marché sont mises en avant, telles que les assurances privées, qui seraient favorisées par un cofinancement public des souscriptions des agriculteurs. Enfin, le découplage des aides est confirmé, mais la répartition des subventions entre agriculteurs ou encore les normes environnementales seraient encore davantage laissées au bon vouloir des États membres, dessinant une PAC à la carte, loin des impératifs sociaux et écologiques.

Dans un espace européen directement connecté aux prix internationaux, les intérêts agricoles les plus conservateurs auront beau jeu, dans chaque pays, d'exiger des contraintes minimales, pour ne pas porter atteinte à leur compétitivité.

Le Marché commun se présentait en fait comme la mise en connexion de marchés essentiellement nationaux. Cela s'explique par la nature du capitalisme, à l'époque, organisé et régulé essentiellement sur une base nationale (le volume du commerce mondial en 1960 ne dépassait pas celui de 1913). La question de la démocratie à l'échelle européenne apparaissait alors comme assez secondaire, puisque les décisions politiques, économiques et sociales se prenaient au niveau des États-nations. Le caractère antidémocratique de la construction européenne n'allait apparaître que bien plus tard.

Trois événements importants interviennent au cours de cette période : l'arrêt Cassis de Dijon rendu par la Cour de justice des communautés européennes (CJCE), le compromis de Luxembourg en matière de fonctionnement de la Communauté et les premiers élargissements. L'arrêt Cassis de Dijon de février 1979 indique que tout produit vendu dans un pays de la Communauté peut être vendu dans les autres pays de la Communauté. Il s'agit d'un arrêt de libéralisation, en cohérence avec l'existence d'un marché commun. Il aurait pu avoir des conséquences très néfastes sur la qualité des produits vendus dans la Communauté, avec des risques sérieux d'un alignement des normes par le bas. Dans les faits, cet arrêt amène les autorités européennes à prendre des décisions d'harmonisation des normes de qualité pour éviter un alignement par le bas. Dans les deux cas, au lieu de laisser jouer la concurrence sur la base du moins-disant, des politiques publiques sont mises en place qui tentent de mettre en œuvre une logique d'harmonisation.

Le compromis de Luxembourg date de 1966. Il fait suite à la politique dite de « la chaise vide » menée par le gouvernement français à propos du mode de prise de décision dans la Communauté. La France obtient que, en cas d'« intérêt vital » pour un pays, le mode de décision soit l'unanimité des États membres. Cette règle a des effets contradictoires. D'une part, elle élargit les marges de manœuvre des États membres[1], mais, d'autre part, ces marges de manœuvre peuvent être utilisées aussi par des gouvernements pour s'opposer à toute mesure progressiste. L'entrée du Royaume-Uni va donner du poids à cette dernière éventualité.

Enfin, cette période voit le début de l'élargissement du Marché commun à des pays beaucoup moins développés (Grèce, Espagne, Portugal, Irlande[2]) que les pays fondateurs, ce qui introduit des éléments d'hétérogénéité importants dans la Communauté. Dans une logique libérale, il aurait été tentant d'utiliser ces différences entre pays pour faire entrer en concurrence les systèmes fiscaux et sociaux, mais ce n'est pas ce qui s'est alors produit. Tout au contraire, pour combattre ces disparités, des fonds structurels et de cohésion ont été mis en place afin de

1. Le compromis de Luxembourg fut notamment utilisé en 1992 par le gouvernement Bérégovoy afin de s'opposer à un accord sur l'agriculture entre les États-Unis et l'Europe dans le cadre des négociations de l'Uruguay Round.

2. L'Irlande adhère en 1973, la Grèce en 1981, l'Espagne et le Portugal en 1986.

permettre à ces pays de rattraper une partie de leur différentiel de développement.

La rupture de l'Acte unique

L'adoption de l'Acte unique en 1986, complété ensuite par les Traités de Maastricht en 1992, d'Amsterdam en 1997 et de Lisbonne[1] en 2007, constitue une rupture dans la construction européenne. L'objectif est de mettre en place un marché unique des marchandises, des capitaux et des services. À une cohabitation de marchés nationaux doit se substituer un marché européen unifié, avec l'ouverture à la concurrence à l'intérieur de l'UE comme axe principal de construction. S'appliquant à une Union devenue hétérogène, précédé par un tournant néolibéral dans la plupart des pays européens – en France, c'est le tournant de la rigueur de 1983 –, l'Acte unique peut être considéré comme la réponse européenne aux transformations du capitalisme. Celui-ci, essentiellement national dans les années 1950, s'est mué en un capitalisme en voie de globalisation.

C'est à partir de cette époque que les dispositions libérales du Traité de Rome prennent tout leur sens. Le droit de la concurrence, inscrit au cœur des traités, devient le droit à partir duquel les élites néolibérales, hégémoniques au sein des institutions nationales et européennes, façonnent l'Union. C'est un droit normatif, véritable droit « constitutionnel » avant la lettre, qui réduit la plupart du temps les autres textes européens à des déclarations

1. Le Traité de Lisbonne se décline en deux traités : le Traité sur l'UE et le Traité sur le fonctionnement de l'UE.

d'intention sans portée opérationnelle pratique. La décennie 1990 voit aussi une instrumentalisation de la notion d'égalité entre les sexes par la logique néolibérale pour servir les politiques de flexibilisation de l'emploi. L'histoire de la législation européenne sur l'égalité entre les sexes est une bonne illustration du tournant de cette période (voir l'encadré). Cette tendance s'est développée alors même que l'UE comportait une majorité de gouvernements sociaux-démocrates, et elle s'est accentuée avec l'arrivée, en novembre 2004, d'une Commission européenne ultralibérale et conservatrice, placée sous la direction de José Manuel Barroso et portée par la grande majorité, néolibérale et atlantiste, des gouvernements des États membres.

L'égalité entre les femmes et les hommes contrainte par le cadre néolibéral

L'UE est réputée avoir joué un rôle moteur dans la promotion de l'égalité entre les femmes et les hommes. La réalité est plus contrastée. Si cette thématique fait partie du projet européen dès le Traité de Rome en 1957, au fil de la construction européenne, le sens et l'application du principe d'égalité entre les sexes ont évolué de plus en plus sous la contrainte du cadre économique néolibéral. C'est une «égalité pour le marché», comme l'a nommée Sophie Jacquot [1]. Il est néanmoins indéniable qu'il y a eu de vraies avancées sous l'impulsion européenne, mais il reste un fossé entre les principes énoncés et la réalité.

1. Sophie Jacquot, *L'Égalité au nom du marché? Émergence et démantèlement de la politique européenne d'égalité entre les hommes et les femmes*, Bruxelles, éd. Peter Lang, 2014.

L'article 119 du Traité de Rome qui inscrit le principe d'égalité de rémunération entre les femmes et les hommes sert souvent à qualifier le projet européen de précurseur en la matière. Mais, outre qu'un seul article sur 248 est concerné, rappelons que les motivations n'avaient alors rien d'égalitaires : c'est la France qui l'a demandé, car, ayant déjà une législation sur l'égalité des salaires dans certaines branches, elle craignait que la concurrence ne défavorise ses secteurs productifs très féminisés, notamment le textile. Malgré ce mobile étranger au souci de justice, l'article a eu une réelle portée symbolique.

À partir des années 1970, sous l'impulsion des mouvements féministes et grâce à l'interaction entre acteurs et actrices politiques au sein des institutions européennes, organisations de femmes et réseaux d'expertes, fonctionnant de manière soudée et militante [1], une politique de l'égalité entre les sexes se développe en dépit des compétences restreintes de l'Union en la matière. Petit à petit, se construit un cadre législatif important avec des directives élargissant progressivement les champs concernés: égalité de traitement au niveau des salaires (1975), des conditions de travail (1976), en matière de sécurité sociale (1978), protection des travailleuses enceintes (1992), temps partiel (1997), accès aux biens et services (2004), discriminations directes et indirectes (2006), congé parental (2010), lutte contre la traite des êtres humains (2011), etc. Des propositions faites par la Commission sur le droit à l'avortement ou les violences faites aux femmes se heurtent à l'opposition de pays aux traditions conservatrices et ne passent pas la barrière du Conseil européen.

1. Gwenaëlle Perrier, « La politique d'égalité des sexes de l'Union européenne. Portée et limites de l'égalité pour le marché », *Revue des politiques sociales et familiales*, n° 126, 2018.

Le périmètre du cadre législatif reste centré sur le champ professionnel. Mais l'approche axée sur *l'égalité de traitement* ne permet pas de combattre les inégalités structurelles qui sont des obstacles à l'accès des femmes à un emploi d'égale valeur (inégalités dans les responsabilités familiales, sous-valorisation des emplois dans les secteurs fortement féminisés...). L'approche européenne évolue vers *l'égalité des chances*, notion discutable mais qui ouvre la possibilité d'actions (discriminations) positives, puis, au milieu des années 1990, vers le *gender mainstreaming* ou approche intégrée de l'égalité, qui exprime la transversalité des questions liées au genre. Toutes les politiques publiques devraient alors intégrer le principe d'égalité entre les sexes dans chaque secteur (Conseil de Vienne 1998). Mais ce changement d'approche aboutit à une dilution du principe d'égalité, d'autant plus qu'elle est non contraignante (*soft law*). La dilution vient aussi du glissement de la notion d'égalité des sexes vers celle de (non-)discrimination fondée sur le sexe, et du fait que toutes les sources de discriminations – sexe, race, origine ethnique, religion, orientation sexuelle, âge, etc. – ont été mises sur le même plan (article 13 du Traité d'Amsterdam), ce qui occulte la dimension structurelle des inégalités de genre en suggérant que les femmes seraient un «groupe discriminé» parmi d'autres...

L'égalité femmes-hommes a également été instrumentalisée au service de la dérégulation libérale et de la flexibilisation de l'emploi. C'est par exemple au nom de la directive de 1976 sur l'égalité de traitement dans les conditions de travail que la Cour de justice des Communautés européennes a jugé illégale l'interdiction du travail de nuit des femmes: sept pays, dont la France, ont alors appliqué une égalité par le bas, en autorisant le travail de nuit aux femmes au lieu d'étendre la protection aux hommes.

De même, la Cour a jugé que les bonifications de pension au seul bénéfice des mères de famille étaient contraires au principe d'égalité des rémunérations. Ce sont ensuite les majorations de durée d'assurance accordées aux mères qui ont été jugées non conformes en France. Lors de la réforme des retraites de 2003, la diminution de ces dispositifs – pourtant créés pour réduire les inégalités de pension – a été justifiée au nom de la législation européenne.

En parallèle, l'égalité entre les femmes et les hommes a été étroitement associée dans les textes communautaires à celle de conciliation de la vie familiale et professionnelle. Cette évolution s'est faite en même temps que la flexibilisation de l'emploi devenait un objectif essentiel de la doctrine néolibérale. «Favoriser un meilleur équilibre entre vie professionnelle et vie familiale et entre flexibilité et sécurité» est ainsi devenu une formule récurrente. Même exprimée de manière neutre, la conciliation visait de fait les femmes. Les textes n'ont jamais mentionné un partage égal des responsabilités familiales ni remis en cause les rôles sexués. L'emploi à temps partiel a été présenté comme répondant au besoin de conciliation avec la vie familiale, sa croissance a été très rapide dans les années 1980 et au début des années 1990. Il a été, de fait, une voie royale pour flexibiliser l'emploi... au bénéfice des seules entreprises. La Commission reconnaît à présent la responsabilité du temps partiel dans la précarisation de nombreuses femmes en Europe et convient qu'un emploi à temps plein constitue le meilleur rempart contre la pauvreté.

L'évolution démographique en Europe, avec la baisse de la natalité, le vieillissement de la population et les implications sur le financement des retraites, justifie un intérêt croissant pour l'emploi féminin. Les femmes constituent une réserve de main-d'œuvre que des politiques adaptées savent attirer sur le marché du travail ou renvoyer au foyer. Mais trop d'inégalités freinent leur participation. En 2000, la Stratégie européenne de l'emploi promeut donc la réduction des discriminations et fixe pour 2010 un objectif de taux d'emploi à 70 %, et à 60 % pour les femmes – à noter que jamais n'est prévue l'égalisation du taux d'emploi des femmes, ce qui est révélateur des limites de l'égalité ainsi conçue. Est aussi affiché l'objectif d'améliorer la qualité du travail... en même temps qu'est préconisé le développement du temps partiel! Ainsi, les indicateurs officiels retenus pour piloter l'évolution se réfèrent aux taux d'emplois des hommes et des femmes, mais jamais aux taux d'emplois en équivalent temps plein alors que ce sont les plus significatifs en termes d'égalité comme de qualité d'emplois [1].

En lien avec l'objectif sur l'emploi des femmes, les États membres se sont engagés lors du Conseil de Barcelone en 2002 sur un objectif chiffré pour l'accueil de la petite enfance: 33 % des enfants de moins de 3 ans et 90 % de ceux entre 3 ans et l'âge de la scolarité devaient pouvoir trouver un accueil en 2010. Bien qu'il soit établi que les modes de garde collectifs (crèches) sont les plus bénéfiques aux enfants et offrent de meilleures conditions de travail aux personnels, aucun critère de qualité ni de coût n'a été préconisé, ni *a fortiori* l'idée d'un service public. De plus, aucune contrainte légale ni sanction n'étant prévue, très peu d'États ont rempli leur engagement. Il n'y a eu aucune harmonisation par le haut, l'accueil reste très variable selon les pays et très inégal, les enfants de

1. L'indicateur du taux d'emploi n'est pas non plus pertinent au regard de l'objectif d'amélioration du financement de la protection sociale. En Allemagne, du fait des minijobs créés depuis les réformes Hartz, l'objectif de taux d'emploi pour 2020 est déjà atteint mais le problème du financement de la protection sociale reste entier.

familles aisées étant plus nombreux à être accueillis que les plus pauvres. Une politique de la petite enfance implique des investissements publics conséquents, contraires donc à la doxa néolibérale.

La thématique de conciliation entre vie familiale et professionnelle a aussi donné lieu à une directive sur les congés parentaux (2010). Mais, insuffisamment attractifs pour les pères, ces congés ont été essentiellement pris par les mères, renforçant la division sexuelle des rôles, comme l'ont montré divers travaux. Une nouvelle directive a été proposée en 2017. Elle prévoyait pour chaque parent le droit à un congé parental de quatre mois non transférables et rémunérés sur la base des arrêts maladie, plus favorables donc à l'implication des pères. En France, cela portait l'indemnité à 50 % du salaire plafonné à 1,8 SMIC, alors qu'elle est actuellement plafonnée à 396 euros mensuels. Mais, en juin 2018, ce projet a été rejeté par un certain nombre de pays, dont la France, sur des motifs budgétaires. Le président Macron a déclaré que «c'est une belle idée qui peut coûter très cher et finir par être insoutenable», oubliant à nouveau sa promesse de faire de l'égalité entre les femmes et les hommes la grande cause de son quinquennat.

La situation est donc contrastée. Certes, l'Europe a produit un vaste corpus de normes législatives, d'études, de rapports et de statistiques sexuées (toutefois encore insuffisantes) sur l'égalité de genre. Mais sa concrétisation se heurte à de nombreux obstacles, depuis l'emprise des politiques néolibérales, la logique de restriction budgétaire, le mode de fonctionnement de l'UE, jusqu'aux résistances conservatrices. D'autant plus que, depuis la crise de 2007, la priorité accordée à la réduction des budgets publics a relégué bien loin derrière les politiques en faveur de l'égalité des sexes, alors même que les politiques d'austérité affectent plus fortement les femmes [1].

L'Acte unique est le signal d'une mise en œuvre systématique des politiques néolibérales. Celles-ci se développent dans chaque État et à partir des États, et s'insèrent dans un dispositif européen. L'exemple des services publics illustre ce processus. Les directives d'ouverture à la concurrence sont proposées par la Commission, qui s'appuie pour cela sur un article du Traité de Rome (art. 90) non utilisé pendant une trentaine d'années. Elles sont adoptées par les gouvernements qui justifient auprès de leurs peuples respectifs, au nom de l'impératif européen, une politique dont ils sont pourtant décisionnaires. La mise en place de l'euro, avec une Banque centrale européenne (BCE) hors de tout contrôle politique et démocratique, l'adoption du « Pacte de stabilité et de croissance », qui encadre fortement la politique budgétaire des États, sont censées compléter le dispositif, le refus de toute solidarité financière entre les États de l'Union (art. 103 du Traité d'Amsterdam) devant les obliger à un comportement « vertueux ». Se met ainsi en place un gouvernement par les règles. Tout débat démocratique sur les politiques économiques devient dès lors exclu, puisqu'il s'agit de respecter des normes quantitatives contenues dans les traités : équilibre de principe du budget (la « règle d'or »), maximum toléré de 3 % du PIB pour le déficit public, et de 60 % du PIB pour la dette publique.

1. Christiane Marty, « Les Françaises ne sont pas épargnées », *Travail, genre et sociétés*, n° 33, 2015.

Ces contraintes institutionnelles normatives n'ont été rendues possibles que par l'absence des peuples et des citoyens dans la construction de l'Union. Son fonctionnement repose sur un profond déficit démocratique, avec une confusion des pouvoirs, qui voit l'organe exécutif de l'Union, la Commission, doté de pouvoirs législatifs et judiciaires, et fait du Conseil un organe législatif, alors même qu'il est la réunion des exécutifs nationaux. Comme d'ailleurs dans nombre d'États européens, dont la France, l'exécutif n'exécute rien, mais est la source de toutes les décisions politiques. Si la Commission a le monopole de la proposition législative, aucune directive européenne ne peut cependant être adoptée sans l'accord des gouvernements nationaux. Ceux-ci ont, de plus, négocié entre eux, et sans la plupart du temps les soumettre à leurs peuples, les traités qui infléchissaient la construction européenne dans le sens d'une acceptation des impératifs du capitalisme financier. La mise en place, dans le cadre de la stratégie de Lisbonne[1], de la « méthode ouverte de coordination » renforce encore le rôle des gouvernements, qui décident d'objectifs à tenir qui ne sont jamais débattus, tant d'ailleurs au niveau national qu'au niveau européen.

Ainsi, si la construction européenne a vu l'émergence d'institutions supranationales, ce sont bien les États nationaux qui ont décidé, en bout de course, de ses orientations. Que ce soit dans le cadre des Conseils des ministres, du Conseil européen, ou des Conférences

1. La stratégie de Lisbonne a été adoptée lors du Conseil européen des 23 et 24 mars 2000. Elle visait à faire de l'économie européenne « l'économie de la connaissance la plus compétitive et la plus dynamique du monde d'ici à 2010 ». Elle s'est avérée être un échec complet.

intergouvernementales (CIG), les États ont gardé la haute main sur la construction européenne. Loin d'avoir été dépossédés de leur pouvoir, ils ont dominé la scène européenne… mais discrètement, depuis les coulisses! L'histoire de la construction européenne a ainsi été celle des grandes manœuvres des États, celle de la diplomatie secrète, seulement troublée par les discussions avec la Commission[1]. Ce mode de construction de l'Union a abouti au résultat que nous connaissons: une Europe antidémocratique et néolibérale.

L'installation dans le néolibéralisme

L'élargissement de l'Union en 2004 à dix nouveaux pays est le deuxième grand tournant dans la construction européenne. Il transforme l'UE en une zone économique totalement hétérogène. À la question de cette hétérogénéité devenue extrême avec les nouveaux entrants, la Commission et les gouvernements apportent une réponse néolibérale: refus de toute augmentation du budget européen, qui reste de fait plafonné à un montant dérisoire (de l'ordre de 1 % du PIB européen) pour aider réellement les nouveaux entrants, mais dumping fiscal et social et généralisation de la concurrence entre les États. L'option possible de l'approfondissement par la construction d'une Europe politique et le développement de l'harmonisation sociale et fiscale vers le haut est ainsi balayée, au profit de

1. De ce fait, la Commission ne peut être tenue comme unique responsable des dérives de l'UE, comme tendent à le laisser penser certains discours.

la consolidation d'une zone de libre-échange. La directive Bolkestein, heureusement mise en échec, qui imposait le principe du pays d'origine comme nouveau principe régulateur de l'Union [1], illustre cette orientation.

Quatre arrêts de la Cour de justice de l'UE (Viking, Vaxholm, Rüffert, Grand-Duché du Luxembourg) constituent l'expression juridique de ces orientations : les États doivent respecter le droit communautaire, même dans les domaines ne relevant pas de l'application des traités, dès lors que des décisions nationales ou locales peuvent porter atteinte au principe de la libre concurrence ; les droits sociaux des salariés sont subordonnés à la liberté du commerce. La directive 96/71 sur les travailleurs détachés [2], qui, bien qu'insuffisante, offrait un cadre relativement protecteur aux salariés, est ainsi vidée de son contenu et l'on a pu voir se multiplier l'emploi par les entreprises, en particulier les plus grandes, de travailleurs venant des pays d'Europe centrale et orientale, sous-payés et traités de

1. Si le principe du pays d'origine est appliqué, une entreprise qui fournit un service dans n'importe quel pays de l'Union n'est soumise qu'au droit de son pays d'origine et n'a pas à se conformer aux législations nationales plus contraignantes.

2. Un travailleur détaché est un salarié envoyé dans le cadre d'une prestation transfrontalière de service. Un détachement intervient dès lors qu'une prestation de service est effectuée par des salariés envoyés par une entreprise prestataire sous-traitante implantée hors du territoire. Voir : Antoine Math, « Les travailleurs détachés dans le cadre de la sous-traitance transnationale », *Migration Société*, vol. 18, n° 107, 2006 ; Pierre Khalfa, « La Cour européenne de justice contre l'Europe sociale », juillet 2008, http://www.france.attac.org/archives/IMG/pdf/Cour_europeenne_de_Justice.pdf. Raoul-Marc Jennar, « Le détachement des salariés dans l'UE », *Les Possibles*, n° 2, mars 2014.

façon indigne. Il s'agit bien d'un approfondissement de la logique néolibérale de l'UE.

L'intégration de la Charte des droits fondamentaux dans le Traité de Lisbonne[1] permet-elle au moins de mettre des garde-fous à cette logique mortifère? On peut fortement en douter. Les droits sociaux qui y sont contenus sont de faible portée: le droit à l'emploi est, par exemple, remplacé par «le droit de travailler» et là où la Constitution française «garantit à tous la protection de la santé, la sécurité matérielle», le texte européen se contente d'un simple «droit d'accès aux prestations de sécurité sociale et aux services sociaux» qui, de plus, comme le précise le texte d'explications mis en annexe de la Charte, «n'implique aucunement que de tels services doivent être créés quand il n'en existe pas». Un certain nombre de droits, pourtant fondamentaux, sont absents: droit à un salaire minimum, droit au divorce, droit à disposer de son corps, droit au logement... De plus, pour l'essentiel, l'application de la Charte est renvoyée aux «pratiques et législations nationales». Ce texte ne crée donc pas de droit social européen, susceptible de contrebalancer le droit de la concurrence. Celui-ci restera le seul droit véritablement communautaire et continuera à primer sur le droit des États membres. D'ailleurs, pour enfoncer le clou, l'article 153 du Traité sur le fonctionnement de l'UE relatif à la politique sociale exclut «toute harmonisation des dispositions législatives et réglementaires des États membres». Tout processus d'harmonisation sociale est ainsi interdit.

1. Cette intégration se fait à travers l'article 6 du Traité sur l'UE.

L'adoption en 2017, par le Parlement et le Conseil, du Socle européen des droits sociaux ne change pas fondamentalement cette situation. Certes, ce document avance un certain nombre de principes généraux dont la plupart vont dans le bon sens, mais est aussi réaffirmé qu'ils « doivent être appliqués en veillant à l'intégrité du marché intérieur ». En clair, le droit de la concurrence continuera à prévaloir sur les droits sociaux. Pour bien se borner juridiquement, il est affirmé que, « au niveau de l'Union, le socle européen des droits sociaux n'étend pas les compétences et les tâches qui lui sont dévolues par les traités », et d'indiquer que « pour être opposables, ces principes et ces droits nécessitent d'abord des mesures concrètes ». C'est avouer que la portée de ce document est à peu près égale à zéro. Il n'a d'ailleurs pas empêché le gouvernement hongrois de faire adopter en décembre 2018 une loi travail violant le principe « du droit à un salaire équitable » et qualifiée de « droit à l'esclavage » par des syndicats pourtant en général peu portés sur la contestation.

Une politique régionale européenne pour quelle « cohésion » ?

Parmi les objectifs du Traité de Rome de 1957, figure celui « de renforcer l'unité de leurs économies » en réduisant « l'écart entre les différentes régions et le retard des moins favorisées ». Mais, à l'époque, les niveaux de développement des États membres étant proches, la CEE se contente de créer un Fonds social européen (FSE), pour aider la reconversion des travailleurs de secteurs en restructuration. De fait, c'est l'Italie qui en est le principal bénéficiaire. La décennie qui suit, celle des années 1970, est marquée par le premier élargissement de 1973 (Royaume-Uni, Danemark et Irlande), qui accentue l'hétérogénéité de la CEE. C'est alors que fut introduit en 1979 le Fonds européen de développement économique régional (Feder), dont l'objectif est d'aider les régions les moins riches ou confrontées à des restructurations.

Les adhésions de la Grèce (1981), puis de l'Espagne et du Portugal (1986) survinrent dans une phase marquée par le tournant néolibéral de l'Acte unique européen de 1986. Cependant, afin d'ancrer les pays du sud de l'Europe sortant de dictatures dans une Communauté économique européenne (CEE) capitaliste qui leur soit attractive, un quasi-plan Marshall leur est alors accordé. De façon un peu paradoxale donc, la politique de cohésion économique et sociale fut inscrite dans l'Acte Unique comme une nouvelle compétence de la Communauté, basée sur l'utilisation de «fonds structurels» (FSE, Feder) aux ressources augmentées (environ un tiers du budget). Les principes (toujours en vigueur) de cette politique ont été établis en 1988: programmation pluriannuelle de sept ans, délimitation d'objectifs stratégiques, cofinancement et partenariat entre institutions européennes, États membres et autorités régionales pour la programmation et la mise en œuvre des mesures. La division des États en régions permet d'allouer des fonds à tous les États, même si les taux de cofinancement européen sont plus favorables pour les régions les plus pauvres. La politique régionale vise cinq objectifs: l'emploi, notamment des jeunes, la recherche et développement, la durabilité énergétique et la lutte contre le changement climatique, l'accès à l'éducation, la lutte contre la pauvreté.

Les élargissements de1995 à l'Autriche, la Finlande et la Suède se font avec des pays plus riches que la moyenne de l'Union, ce qui augmente ses ressources budgétaires. Ceci permet un doublement de la dotation des fonds structurels, qui bénéficie principalement aux pays du Sud et à l'Irlande, pour qui est créé un «fonds de cohésion», réservé aux pays dont le PIB par habitant est inférieur à 90 % de la moyenne communautaire.

Mais cette décennie est aussi celle de la destruction de l'ancien système en Europe de l'Est et en Yougoslavie. Face à la montée de la pauvreté et, afin de stabiliser ces pays, l'UE décide en 1999 une politique volontariste vers les pays d'Europe centrale et orientale (Peco), et vers les «Balkans de l'Ouest», avec la perspective de les faire adhérer. Pourtant, cet élargissement, qui se fait vers des pays se situant très en dessous de la moyenne de l'UE, ne s'accompagne pas d'une augmentation des ressources du budget de l'UE.

Certes, les différents rapports européens vantent un «rattrapage» des États qui bénéficient de la politique de «cohésion». Mais ces indicateurs de «croissance» ne rendent compte ni des modes de financement et du rôle limité des «fonds structurels», ni des profondes inégalités qui s'y sont développées. Il faut ainsi souligner que l'ancrage financier et commercial des Peco sur l'UE et l'apport des fonds structurels pour y moderniser les infrastructures ont favorisé une dépendance envers les investissements directs étrangers. De surcroît, ici comme ailleurs dans l'UE, l'intégration s'est accompagnée d'un redoutable dumping social et fiscal. Enfin, il ne faut pas oublier que l'adhésion a été au préalable conditionnée à des «ajustements structurels» et réformes analogues à ceux qu'impose le FMI. Dans l'ensemble, les logiques et critères de cofinancement des aides structurelles ont favorisé, de fait, les capitales et régions les plus développées au sein des divers pays et creusé les écarts avec les régions les plus rurales et les plus défavorisées.

Le cadre financier pluriannuel actuel (2014-2020) touche bientôt à son terme, aussi les discussions sur l'agenda 2021-2027 ont-elles d'ores et déjà été engagées. De plus, le Brexit induira la fin de la contribution britannique au budget de l'Union après celui de 2019, soit une perte sèche estimée à environ 10 milliards d'euros. La Commission européenne (CE) a présenté en mai 2018 ses propositions: budget de 1,11 % du PIB des 27 États membres (hors Royaume-Uni, donc), soit une légère hausse de la contribution, mais trop limitée pour répondre à ses propositions de nouvelles dépenses (notamment militaires et sécuritaires), ce qui implique de diminuer les budgets de la politique régionale et de la Politique agricole commune.

La «cohésion» est organiquement associée à la remise en cause des inégalités de toute nature et de l'injustice sociale. Cela suppose des moyens. Ils sont aujourd'hui notoirement insuffisants et leur avenir ne se présente vraiment pas sous les meilleurs auspices....

La mise en place d'un fédéralisme autoritaire

Le Traité de Lisbonne a notablement étendu la procédure de codécision entre le Parlement européen et le Conseil de l'UE[1] qui avait été introduite dans le Traité de Maastricht. Elle couvre aujourd'hui de très nombreux domaines. Restent cependant exclus des domaines importants, comme par exemple la fiscalité, le marché intérieur, les tarifs douaniers, une partie de la politique sociale, les recettes du budget européen, où le Conseil décide seul, et la politique monétaire, qui est du seul ressort de la BCE. Dans la pratique, le Parlement européen peut bloquer

1. Le Conseil de l'UE regroupe les ministres des États membres. Il ne faut pas le confondre avec le Conseil européen, qui regroupe les chefs d'État ou de gouvernement.

une directive en cas de désaccord avec le Conseil, à l'issue d'une procédure d'amendements et d'allers-retours avec le Conseil[1]. C'est ce qui lui a permis de bloquer la directive de libéralisation des services portuaires en 2006 et de vider de son contenu la directive Bolkestein sur la libéralisation des services. Enfin, il élit le président de la Commission, le choix des autres membres de la Commission étant soumis à son approbation, et il peut censurer la Commission qui doit alors démissionner.

Il est indéniable que cet accroissement du rôle du Parlement constitue un progrès démocratique. Cependant, ce progrès reste modeste. Il est tout d'abord miné par une légitimité populaire limitée, ce dont témoigne le très faible taux de participation aux élections européennes. Mais surtout, outre le fait que des domaines importants lui échappent[2], son rôle est encadré, d'une part, par les traités qui relèvent des États et sur le contenu desquels il ne peut se prononcer et, d'autre part, par la Cour de justice de l'UE

1. L'énorme déficit démocratique observé au niveau européen n'est pas forcément moindre au niveau national. En effet, ni l'un ni l'autre ne sont à l'initiative des lois et, dans le cas français, l'utilisation d'une niche parlementaire pour présenter une proposition de loi n'a de chance d'aboutir qu'avec l'accord du gouvernement. Enfin, si le Parlement français peut théoriquement bloquer un projet de loi du gouvernement, dans la pratique il en est tout autrement, les parlementaires de la majorité étant soumis à une logique institutionnelle qui les rend, *in fine*, solidaires du gouvernement.

2. Ainsi, le Parlement européen n'a aucun droit de regard sur le Mécanisme européen de stabilité (MES), organisme censé être l'instrument de la solidarité européenne, mais qui s'avère être un cheval de Troie pour imposer des réformes structurelles aux pays en difficulté face aux marchés financiers (voir chapitres 2 et 3).

(CJUE), qui les interprète et donc crée du droit nouveau. Au-delà de sa composition politique, aujourd'hui dominée par les libéraux-conservateurs et les sociaux-libéraux, ses marges de manœuvre sont donc faibles.

Fondamentalement le grand projet néolibéral européen n'est pas un fédéralisme de solidarité sociale ni de puissance militaire. Les abandons de souveraineté consentis par les États nationaux ne sont pas contrebalancés par l'édification d'un État social fédéral, ni même d'un État puissance (la politique de défense commune se réduisant à la soumission à l'Otan et donc aux États-Unis). Aucune démocratie réelle de niveau continental ne vient compenser le recul de la démocratie au niveau national. Nous assistons bien plutôt à l'émergence d'un fédéralisme d'un type nouveau, fondé sur la discipline financière. Dans l'espoir d'assurer définitivement la crédibilité des États et de l'Union aux yeux des marchés financiers, les dirigeants européens sont en train d'expérimenter une forme nouvelle : un fédéralisme autoritaire néolibéral, au sein duquel la souveraineté politique des États est à la fois mise en commun et entre parenthèses par un système de contraintes juridiques soustraites à la pression démocratique.

L'exemple du MES (Mécanisme européen de stabilité) illustre la vision néolibérale de la solidarité. Entré en action en 2012, il se veut un mécanisme de solidarité entre les États. Il vise à être « un soutien à la stabilité à ses membres qui connaissent ou risquent de connaître de graves problèmes de financement ». Le MES prêtera donc des fonds aux États qui auront du mal à emprunter directement sur les marchés financiers. Ce sont les États qui ont souscrit au capital, « de manière irrévocable et inconditionnelle », en fonction de leur poids économique. Les deux plus importants souscripteurs en sont l'Allemagne et la France, avec respectivement 27 % et 20,5 % du capital, ce qui leur donne un droit de vote équivalent dans les décisions du MES. Ces « aides » aux États se font « sous une stricte conditionnalité » définie par la Commission européenne, la BCE et le Fonds monétaire international (FMI), troïka dont on connaît le rôle en Grèce. Pour avoir accès au MES, il faudra passer sous les fourches Caudines de l'austérité drastique. Pour verrouiller juridiquement cette procédure, il est indiqué que l'octroi d'une aide financière sera, à partir du 1er mars 2013, conditionnée par la ratification du pacte budgétaire européen, le Traité sur la stabilité, la coordination et la gouvernance (TSCG) de la zone euro.

Car la crédibilité financière est présumée reposer d'abord sur la prétendue « règle d'or » budgétaire qui interdit les déficits publics. Le pilotage des politiques budgétaires est désormais assuré par des règles inamovibles assorties de sanctions; telle est l'essence du pacte budgétaire imposé à la faveur de la crise de l'euro, et ratifié sans débat par François Hollande dès son élection en 2012, alors même qu'il avait indiqué vouloir le renégocier pendant sa campagne électorale. Comme on vient de le voir avec le budget 2019 de l'Italie, les projets de loi de finances sont désormais soumis à l'approbation de la Commission européenne avant même d'être présentés aux parlements nationaux. De plus, le TSCG impose la création dans chaque pays d'une institution indépendante chargée de veiller à l'orthodoxie du budget présenté au Parlement.

Deux nouvelles règles contraignantes, que le traité veut rendre constitutionnelles dans tous les États[1], y font leur apparition. La première concerne le déficit structurel. À la différence du déficit courant qui est constaté, il s'agit d'une construction statistique censée mesurer le déficit d'un pays indépendamment de la conjoncture économique. Son évaluation dépend donc totalement des hypothèses faites en matière de croissance « potentielle », autre construction faite en miroir. Outre que cette dernière notion est très contestable et contestée par de nombreux économistes, ces hypothèses, par nature fragiles, sont très différentes suivant les institutions. Tout cela resterait un débat entre économistes si le TSCG n'en faisait un indicateur majeur. Il prévoit en effet que le déficit structurel d'un pays ne doit pas dépasser 0,5 % du PIB. Un indicateur statistique contesté, basé sur des hypothèses discutables et incertaines, est devenu le critère majeur d'appréciation du budget des pays européens. La seconde concerne la réduction de la dette publique. Le Pacte de stabilité avait fixé à 60 % du PIB le montant maximal de la dette publique, chiffre sans aucune consistance économique et qui d'ailleurs n'a été respecté par aucun pays, y compris l'Allemagne à certaines périodes. Le TSCG impose que le différentiel de dette d'avec les 60 % soit remboursé en vingt ans.

1. L'article 3.2.2. indique : « Les règles énoncées au paragraphe I prennent effet dans le droit national des parties contractantes au plus tard un an après l'entrée en vigueur du présent traité, au moyen de dispositions contraignantes et permanentes, de préférence constitutionnelles, ou dont le plein respect et la stricte observance tout au long des processus budgétaires nationaux sont garantis de quelque autre façon ».

Le traité donne un pouvoir de sanction à la CJUE en cas de non-respect de ces règles. La Cour de justice, organisme non élu, devient ainsi la référence suprême pour juger de la pertinence d'un budget national. Plus même, si elle estime qu'un État n'a pas respecté son jugement, elle pourra lui imposer une amende pouvant aller jusqu'à 0,1 % de son PIB. L'aberration qui consiste à sanctionner financièrement un État en proie à des difficultés financières ne semble pas avoir effleuré les rédacteurs du traité. Prôner ces règles suppose une cure d'austérité massive et permanente. Outre leurs conséquences sociales dramatiques, elles sont économiquement stupides, réduisant la demande globale. Dans une note de fin décembre 2011, l'Observatoire français des conjonctures économiques (OFCE) indiquait que, dans le cas où tous les pays européens mettraient en œuvre en même temps cette stratégie économique, le choc récessif serait très violent en 2012, avec une baisse du PIB de 3,7 % en Italie et au Royaume-Uni, aux alentours de 3 % pour la France et l'Espagne [1].

Mais les règles budgétaires à elles seules sont insuffisantes, comme on l'a constaté, pour empêcher la divergence explosive des trajectoires des pays membres. Les nouveaux règlements rajoutent à la discipline budgétaire celle du crédit, des balances commerciales [2] et des

1. « La très grande Récession », *Perspectives économiques mises à jour pour les grands pays développés en 2012*, note OFCE n° 9 / 16 décembre 2011 (http://www.ofce.sciences-po.fr/pdf/notes/2011/note9.pdf).

2. Règlement n° 1176/2011 du 16 novembre 2011 sur la prévention et la correction des déséquilibres macroéconomiques (l'un des six règlements du *Six-pack*).

coûts salariaux[1]. Avec Maastricht, seuls les déficits et la dette publique étaient surveillés : désormais, les bulles de crédit, les déséquilibres commerciaux, les hausses de salaires, les dépenses sociales sont sous examen permanent. Et alors que le règlement européen sur la prévention et la correction des déséquilibres macroéconomiques prévoit explicitement que l'excédent commercial d'un pays ne peut dépasser 6 % de son PIB, les Pays-Bas ou l'Allemagne, dont c'est régulièrement le cas, ne sont jamais inquiétés.

Après une soixantaine d'années de construction, l'UE est aujourd'hui un espace économique et social hétérogène construit autour du principe de concurrence, qui s'applique y compris aux États, et excluant le plus possible dans ses règles l'intervention politique sur la sphère économique et monétaire. Un tel édifice ne peut conduire qu'à la « dévaluation intérieure », c'est-à-dire au dumping fiscal et social. Ces règles étaient initialement censées permettre la convergence des économies des différents pays et faire de l'UE une zone de stabilité monétaire. Elles ont abouti au contraire de l'objectif recherché, c'est-à-dire à une montée des déséquilibres et des divergences entre les pays membres de l'Union.

1. Pacte Euro-plus de mars 2011. Appelé aussi pacte de compétitivité, il comprend une série de préconisations, allant de l'augmentation de l'âge de la retraite à l'abolition de l'indexation des salaires, dans l'objectif d'une réduction du coût du travail et d'une augmentation de productivité.

Une politique commerciale de l'UE ultralibérale

Parmi les grandes puissances économiques et financières mondiales, l'UE compte parmi les acteurs qui n'ont jamais faibli dans leur détermination à libéraliser toujours plus les flux de commerce et d'investissement, en dépit de l'échec avéré d'un tel modèle. Face au ralentissement des négociations internationales dans le cadre multilatéral de l'OMC, l'UE s'est engagée dans une libéralisation des échanges encore plus poussée, dans un cadre bilatéral, via des accords de libre-échange qu'elle ne cesse de multiplier.

Dès 2006-2007, elle a radicalisé son approche, sous la houlette d'un commissaire flamand, Karel De Gucht, resté dans l'histoire pour sa proximité avec l'industrie et pour faire aujourd'hui l'objet de poursuites pour fraude fiscale. Le document *Global Europe: Competing in the world* établit alors les fondements stratégiques d'une politique qui fait reposer le projet économique de l'UE sur l'ultra-spécialisation dans les secteurs de pointe, la «compétitivité externe», la conquête de marchés internationaux et la captation des ressources naturelles stratégiques pour un continent qui en est largement dépourvu. C'est à cette fin que l'UE, soutenue par les États membres, s'est engagée dans une entreprise d'élargissement géographique et sectoriel spectaculaire, qui continue de se déployer aujourd'hui.

Depuis dix ans, cette stratégie s'est déclinée sur deux fronts. D'abord la transformation des accords conclus dans les années 1980 et 1990 avec des pays du Sud dans une logique de développement (en dépit de leurs imperfections) – l'accord de Cotonou conclu avec la région Afrique-Caraïbes-Pacifique, les accords d'association existant avec les pays du Caucase ou de la région Maghreb-Mashreq, le Mexique, le Chili, par exemple

– en accords de libre-échange à proprement parler. La renégociation et l'élargissement de ces accords entendent notamment faciliter l'implantation et la prise de participation par des entreprises européennes dans les activités énergétiques et minières locales. Ils visent également à libéraliser les marchés agricoles, qui demeuraient largement protégés, par le démantèlement notamment de leurs droits de douane.

Ensuite l'ouverture de négociations avec toute une série de pays/régions riches ou émergents, avec un objectif limpide: gagner de nouveaux clients pour les entreprises européennes, en particulier dans le domaine de l'agroalimentaire et des services (financiers, technologiques, de bien-être et de loisirs...), où l'UE estime présenter un avantage comparatif et/ou un certain prestige. La récession qui frappe le continent depuis le milieu des années 2000 a bien entendu motivé la mise en place de cette stratégie. Les dirigeants européens s'appuient ainsi sur le mythe selon lequel la croissance des exportations conduit à la préservation, si ce n'est la création, d'emplois dans l'Union. Elle a dès lors privilégié l'ouverture de pourparlers avec des pays asiatiques (Japon, Malaisie, Indonésie, Singapour...).

L'UE a conclu nombre de nouveaux accords de libre-échange au cours de la période récente: avec Singapour, avec le Japon, avec le Canada notamment. Elle a aussi formellement ouvert des négociations avec l'Australie, la Nouvelle-Zélande, les Philippines ou encore l'Indonésie. D'autres sont entamées bien qu'en *stand-by* pour des raisons politiques (avec l'Inde, la Thaïlande, l'Arabie saoudite, l'Égypte, par exemple).

Cette période récente, depuis 2013-2014, s'est toutefois avérée particulièrement tumultueuse pour les négociateurs de la Commission européenne, dès lors que la relance de négociations commerciales avec les États-Unis a été révélée au grand public. Le

Transatlantic Free Trade Agreement (Tafta) a réveillé l'attention citoyenne, et les enjeux de politique commerciale ont retrouvé la lumière. Le débat entourant le Tafta a tout particulièrement mis l'accent sur les mécanismes de protection des investisseurs, les ISDS (*Investor-State dispute settlement*) : ceux-ci permettent aux entreprises de poursuivre des États, des collectivités locales, dès lors qu'elles considèrent que des décisions de protection de l'environnement, de santé publique, remettent en cause ses bénéfices escomptés ou la rentabilité de son investissement initial. On peut d'ailleurs noter que l'accord de libre-échange entre l'UE et le Canada est construit sur les mêmes principes, bien que ses implications économiques soient moindres compte tenu de la taille inférieure du marché concerné.

L'opposition massive des citoyens dans toute l'Europe a fait reculer Bruxelles, qui s'est vue contrainte de réviser son approche dans le domaine et de proposer un nouveau modèle du chapitre « Protection des investissements » pour les négociations futures. Ce « mécanisme juridique sur l'investissement » (*Investment Court System*) reste une menace majeure pour la souveraineté politique des États dès lors qu'il préserve les droits exclusifs des entreprises à obtenir des compensations financières colossales en cas de réglementation contraire à leurs intérêts. Mais il témoigne cependant du recul politique qu'a dû marquer la Commission européenne dans son approche.

L'élargissement du périmètre des accords commerciaux négociés par l'UE se traduit également par la multiplication des domaines discutés dans le cadre des pourparlers. Les accords ainsi négociés n'ont plus grand-chose de proprement « commercial » depuis 2013 et l'accord avec Singapour. L'ajournement des négociations du Tafta en 2017 a eu un effet pervers, car il a détourné l'attention de l'opinion publique des enjeux de politique commerciale, même si les implications des nombreux accords déjà en place sont majeures sur les plans économiques, sociaux ou environnementaux, et que la Commission européenne comme les États membres sont résolus à poursuivre dans la même voie.

Alors que les flux internationaux de marchandises et la croissance de l'investissement dans les industries extractives, notamment dans le champ des énergies fossiles, nourrissent la crise écologique et climatique mondiale, aucun *aggiornamento* n'est envisagé. L'UE s'est contentée d'inclure des volets «Environnement» et «Développement durable» indigents à ses objectifs de négociations, qui n'ont aucun caractère contraignant pour aucune des parties: le droit commercial, protégé – à l'OMC comme dans les accords bilatéraux – par des mécanismes juridiques dotés d'une effectivité réelle, conserve sa primauté sur des normes environnementales mal appliquées, sans juridiction à même de les faire valoir, ainsi que sur des engagements climatiques qui demeurent largement rhétoriques.

La question démocratique n'a en outre jamais été résolue, bien au contraire. Depuis l'entrée en vigueur du Traité de Lisbonne le 1er janvier 2009, le commerce et l'investissement sont devenus des compétences exclusives de l'UE, qui conduit seule, dans la plus parfaite opacité, les négociations des accords de libre-échange impliquant les États membres. À Bruxelles, les lobbyistes jouissent d'un accès libre et constant aux négociateurs et aux décideurs de la Commission européenne et copilotent quasiment les négociations. Dans les capitales, les gouvernements prétextent tour à tour du caractère sensible des pourparlers et de la compétence «exclusive» pour éluder un débat public véritable et organiser la consultation de leurs parlements dans la plus grande confidentialité.

Parmi les «innovations» les plus inquiétantes: l'introduction de dispositifs dits de «coopération réglementaire», qui engagent les pays signataires à systématiquement discuter leurs projets de réglementations à venir dans tous les domaines couverts par les accords – normes sur la sûreté alimentaire, les produits chimiques, le bien-être animal, la sécurité automobile, les télécommunications, les règles relatives aux activités extractives, les services bancaires et financiers... pour n'en citer que quelques-uns – avec un comité d'experts, choisis de façon entièrement discrétionnaire par les gouvernements signataires, où les lobbys industriels et financiers tiendront le haut du pavé. Autrement dit, les choix normatifs dans des domaines aussi cruciaux pour la santé, l'environnement et l'intégrité physique des citoyens seront préalablement laminés par les représentants du business.

La Cour européenne de justice, saisie concernant l'accord conclu avec Singapour, a pourtant bien rappelé, dans une décision de mai 2017[1], que certains domaines couverts par ces «nouveaux» accords relevaient toujours de la compétence des États membres: ceux-ci conservent donc des prérogatives importantes et doivent organiser une ratification pleine et entière de ces accords. Depuis 2009, le Parlement européen est en outre codécisionnaire en matière de politique de commerce et d'investissement. La construction d'alliances politiques nouvelles autour d'une politique commerciale alternative, solidaire, juste... est donc une priorité absolue. Car ce sont les principes mêmes de la politique de commerce et d'investissement de l'UE qu'il convient de remettre en débat, bien plus que des termes précis des accords qu'elle sous-tend.

1. https://curia.europa.eu/jcms/upload/docs/application/pdf/2017-05/cp170052fr.pdf.

S'il ne s'agit pas de renoncer au commerce, comment construire avec les pays tiers des relations économiques et commerciales fondées sur la coopération, la complémentarité et le respect des droits fondamentaux? Comment protéger les agriculteurs et les éleveurs européens engagés dans des modèles durables, centrés sur des circuits de commercialisation locaux et respectueux de l'environnement, alors que les accords de l'OMC comme les traités bilatéraux limitent drastiquement la possibilité des subventions publiques? Comment préserver les emplois dans l'UE face à la concurrence de produits et de marchandises *cheap*, produits en excédent par des travailleurs quasiment réduits à l'esclavage? De ce point de vue, la réintroduction unilatérale de droits de douane n'apporte pas de réponse dès lors que la circulation des capitaux et des investissements demeure entièrement libéralisée, alors que 60 % au moins du commerce mondial s'opère aujourd'hui entre les entreprises et entre ces dernières et leurs filiales.

CHAPITRE 2

L'euro, monnaie unique incomplète, instrument de la domination néolibérale

La crise de la zone euro n'est pas simplement une conséquence de la crise financière internationale. Elle n'aurait, en effet, pu y prendre une telle ampleur sans les contradictions propres de l'UEM, que porte sa monnaie : l'euro. Outre l'onde de choc de la crise systémique d'abord ouverte aux USA, cette crise profonde est donc aussi le résultat propre des graves insuffisances des institutions européennes. Divergence des trajectoires économiques entre les pays européens, emprise sans partage des marchés financiers sur les dettes souveraines, tropisme purgatif néolibéral des dispositions budgétaires des traités, tels sont les trois principaux ingrédients de sa triste spécificité au regard des autres zones : une activité économique en berne et un chômage toujours massif. Elle n'a été possible que du fait de l'incomplétude voulue de l'euro. La monnaie unique telle qu'elle a été construite est ainsi l'un des instruments de la domination du néolibéralisme dans l'Union.

Le péché originel de l'euro

En mai 2008, quelques mois donc avant le déclenchement de la crise bancaire et financière mondiale, lors de la grande conférence de célébration des dix ans de l'euro, d'aucuns croyaient pouvoir se congratuler. Ainsi, Joaquín Almunia, le commissaire aux Affaires économiques et monétaires de l'époque, se félicitait en ces termes : « Sans l'euro, la tourmente financière actuelle aurait exercé une pression énorme sur les économies de la zone euro, avec de graves conséquences pour les échanges et l'investissement. » De même, Malcolm D. Knight, alors directeur général de la Banque des règlements internationaux, rendait hommage au « développement de marchés financiers européens puissants et liquides », en particulier celui des *credit default swaps*, « aussi rapide sur le marché européen que sur le marché américain [1] ». Bien vu ! Tel était le climat de l'époque, tel était l'aveuglement. Ainsi, quelques mois seulement avant les cérémonies du dixième anniversaire, le Premier ministre espagnol, José Luis Zapatero, pouvait déclarer : « Notre économie fait rêver les Français, les Anglais, les Italiens et les Allemands. Notre croissance dépasse celle de l'UE et des États-Unis, la création d'emploi est permanente. [...] La progression de notre économie ne peut être arrêtée [2] ! » Belle prescience !

1. M. D. Knight, « The euro as a catalyst for global financial market deepening », discours au Forum économique de Bruxelles.

2. Cité par Antonio Muñoz Molina dans son livre *Todo lo que era sólido* [*Tout ce que l'on croyait solide*, Paris, Seuil, 2013]. Voir quelques extraits représentatifs de l'euphorie qui régnait juste avant la crise, gesd.free.fr/munoz14.pdf.

Une légère ombre venait toutefois quelque peu obscurcir ce tableau idyllique : alors que l'homogénéisation des économies devait permettre une meilleure coordination des politiques en faisant reculer les spécificités nationales, force était dès lors de constater que la convergence attendue ne s'était et, on va le voir, ne s'est toujours pas vraiment produite. En effet, comme devait alors le reconnaître la Commission : « De substantielles différences perdurent entre pays, en termes d'inflation et de coûts salariaux unitaires. Cela a conduit à des gains ou à des pertes de compétitivité cumulés et à d'importants déséquilibres commerciaux ». La raison en est, bien sûr, que « les réformes structurelles ont été moins ambitieuses après la mise en place de l'euro ». Mais, que l'on se rassure, ces réformes finiront naturellement par être menées à bien et la Commission se réjouissait alors par avance des futurs progrès : « L'intégration commerciale, un meilleur ancrage des anticipations d'inflation et un recul des rigidités nominales (salaires et prix) [...] ainsi qu'une plus grande intégration financière[1] ». Même si le présent était encore imparfait, nul doute, donc, que l'avenir s'annonçait radieux dans le monde enchanté de l'euro...

Dix ans plus tard, la crise a servi de révélateur à ceux qui pouvaient aveuglément croire en l'euro. Aujourd'hui, quelque vingt années après sa mise en place, les yeux sont dessillés et il est désormais largement admis que la mise en place de la monnaie unique a pour le moins manqué de cohérence.

1. Commission européenne, « Emu@10, Successes and challenges after ten years of monetary unit », European Economy, n° 2, 1998.

C'est ce que notait déjà Robert Boyer en 1998 : « L'euro est présenté comme un dispositif purement fonctionnel pour réduire les coûts de transaction et éliminer l'incertitude des taux de change, alors qu'il s'agit essentiellement d'un projet politique[1]. » Et il décrit bien le procédé : « On publie des études initiales qui délivrent un message très optimiste (le rapport "Un marché, une monnaie[2]" de 1990) puis, une fois la mise en place de l'euro acquise, on adopte "un point de vue beaucoup plus équilibré" [le rapport "Euro 1999[3]"] qui insiste sur la nécessité de réformes structurelles difficiles, sans laquelle les bienfaits de l'euro seraient perdus. » Il était donc dès le départ parfaitement clair que l'euro était mal né ; quelque chose donc de l'ordre du péché originel. La référence théorique habituelle des libéraux en la matière est le concept de « zone monétaire optimale », développé au début des années soixante par Robert Mundell[4]. Elle définit les conditions pour que les avantages d'une monnaie unique l'emportent sur les inconvénients qui résultent de la perte d'autonomie des politiques nationales monétaires et de l'impossibilité des dévaluations qui en découle, notamment en cas de « choc asymétrique » venant frapper

1. Robert Boyer, « An Essay on The Political and Institutional Deficits of The Euro », *Couverture orange, Cepremap,* n° 9 813, www.cepremap.fr/depot/couv_orange/co9813.pdf.

2. Commission européenne, « One Market, one Money », *European Economy* n° 44, octobre 1990, ec.europa.eu/economy_finance/publications/pages/publication7454_en.pdf.

3. Commission européenne, « Euro 1999. Report on the Convergence and Recommendations for The Third Phase of The EMU », 1998, gesd.free.fr/euro1999.pdf.

4. Robert Mundell, « A Theory of Optimum Currency Areas », *The American Economic Review,* vol. 51, n° 4, septembre 1961.

de manière différenciée les pays membres. Pour cette école de pensée, la condition essentielle à remplir est la mobilité des « facteurs de production », censée permettre les ajustements. Du côté du capital, l'intégration financière devait rendre cette mobilité possible ; mais, du côté du travail, il était clair – et tout le monde le reconnaissait – qu'elle était et resterait de faible ampleur dans l'espace européen, qui est donc très éloigné de cette notion théorique de zone monétaire optimale. Aussi, beaucoup d'économistes, notamment aux États-Unis, se montraient-ils extrêmement sceptiques sur la viabilité d'une monnaie unique européenne.

Mais la Commission européenne n'a pas tenu compte de ces avertissements. Elle a, au contraire, insisté sur les avantages de l'euro : disparition du risque de change, formation d'un prix unique, etc. Quant aux mécanismes de régulation alors mis en place – les critères de convergence du Traité de Maastricht –, ils n'ont strictement rien à voir avec la problématique des zones monétaires, puisqu'ils portent sur le déficit public, l'encours de dette publique, le taux d'intérêt et le taux d'inflation. Autant dire que les seuls risques contre lesquels ces critères visent à prémunir sont les débords des finances publiques et l'inflation, contenir cette dernière étant la seule mission confiée à la BCE par les traités. D'entrée de jeu, la zone monétaire était donc sans mécanisme de régulation et livrée au libre jeu des marchés financiers, censés assurer par eux-mêmes cette action régulatrice.

Dans ces conditions, la crise de l'UEM était prévisible. Elle provient de ce que l'euro est une monnaie incomplète, fondée sur une architecture bancale. L'euro a été édifié sur la base d'une conception réductrice et erronée de la monnaie véhiculée par la théorie dominante et par la plupart des médias. Selon cette conception, le rôle de la monnaie se réduit à ses fonctions d'étalon et d'instrument de paiement destinées à favoriser les échanges sur les marchés. C'est ainsi que l'euro a été conçu comme un complément au marché unique. Or la monnaie n'est pas un simple instrument marchand, c'est aussi une institution sociale et politique[1]. L'absence des dimensions sociale et politique dans l'UEM explique sa gouvernance non démocratique, ainsi que l'inexistence de politiques budgétaires et fiscales communes qui ont cruellement fait défaut. Tel était et demeure le péché originel de l'euro.

Le projet caché de l'euro : l'austérité

Que la Commission n'ait pas tenu compte de ces risques, pourtant évidents, ne veut pas dire qu'elle les ignorait. Dès le rapport « Un marché, une monnaie », dès 1990 donc, elle mettait le doigt sur un principe « primordial » à ses yeux : « Il est donc d'une importance primordiale que les coûts du travail restent en ligne avec les écarts de productivité ». Mais « rester en ligne » ne signifie pas une progression équivalente. Ainsi, dans le même temps, en 1993 toujours, le Livre blanc Delors[2] mettait les points sur les *i* en sug-

1. Les Économistes atterrés, *La Monnaie, un enjeu politique. Manuel critique d'économie monétaire*, Paris, Seuil, 2018.

2. Commission des communautés européennes, *Croissance, compétitivité, emploi. Les défis et les pistes pour entrer dans le XXIe siècle* [Livre blanc Delors], Paris, Michel Lafon / Ramsay, 1993, www.cvce.eu/content/publication/1997/10/13/b0633a76-4cd7-497f-9da1-4db3dbbb56e8/publishable_fr.pdf.

gérant qu'une progression du salaire réel inférieure d'un point à celle de la productivité « pourrait constituer une règle empirique acceptable », ce qui implique une baisse continue de la part des salaires dans la richesse créée, baisse qui, d'ailleurs, aura bien lieu. Il faut comprendre que, dans une zone monétaire unifiée, l'ajustement par le taux de change (la dévaluation) n'est plus possible. Dès lors, la question des différentiels d'inflation entre pays membres devient primordiale : dans le cadre d'une monnaie unique, tout surcroît de hausse des prix par rapport aux autres est *ipso facto* synonyme de hausse relative des prix et donc de perte de compétitivité.

Que faire dans un tel cas ? *A priori* deux possibilités. Dès 1993, les économistes de l'OFCE les énuméraient : soit « accepter que ces pertes de compétitivité induisent une forte croissance du chômage qui ferait pression sur le niveau des salaires, donc permettrait à terme d'améliorer la compétitivité », soit « compenser ces pertes de compétitivité par une politique budgétaire expansionniste, ce d'autant plus facilement qu'ils n'auraient plus à craindre qu'un déficit extérieur important ne mette en cause la valeur de leur monnaie [1] ».

Reste qu'une troisième réponse, souhaitable et parfaitement envisageable, n'était pas même évoquée, car elle touche aux institutions : celle d'une harmonisation des législations – en particulier fiscale et sociale –, permise et

1. Henri Delessy, Frédéric Lerais, Sébastien Paris-Horvitz, Henri Sterdyniak, « Après Maastricht, quelles politiques économiques en Europe ? », *Revue de l'OFCE*, nº 43, 1993 ; *cf.* aussi, Frédéric Lerais, « Stabilisation macroéconomique et régimes de change en Europe », *Revue de l'OFCE*, nº 43, 1993, gesd.free.fr/lerais93.pdf.

accompagnée par des transferts financiers entre États ou par un budget européen conséquent[1], qui permettraient de faire converger des marchés du travail profondément différents. En somme, une « réforme structurelle » du marché du travail, mais dans l'autre sens, celui de la protection des salariés et de la garantie de « l'emploi décent ». Cette solution aurait supposé une tout autre conception de la construction européenne ; mais celle-ci était *a priori* exclue, car elle était incompatible avec un principe fondamental de la conception néolibérale. Ainsi, le projet de Traité constitutionnel de 2005 mentionnait-il à douze reprises la clause : « à l'exclusion de toute harmonisation des dispositions législatives et réglementaires des États membres ». Rejetées comme on sait par la porte du référendum de 2005, ces dispositions sont ensuite revenues par la fenêtre de l'approbation parlementaire, sous la forme du Traité de Lisbonne[2] de 2007 !

Résumons. La mise en œuvre de mécanismes de solidarité est, par définition, exclue du champ des possibles. La politique budgétaire expansionniste est limitée depuis 1991 par les critères de Maastricht ; elle est aujourd'hui rendue quasiment impossible par les dispositions drastiques du Traité sur la stabilité, la coordination et la gouvernance (TSCG) de 2012. Des trois solutions logiquement possibles, n'en reste donc plus qu'une : l'austérité.

Rebaptisée et euphémisée sous l'aimable intitulé de « dévaluation interne », qui vise à faire pendant à l'autre, la

1. Le budget de l'UE est soumis à un plafond maximum de 1,2 % du PIB, à comparer avec celui des États-Unis, qui est de l'ordre de 20 %.

2. Traité de Lisbonne, septembre 2007.

vraie, la « dévaluation externe » par le taux de change, elle indique simplement ceci : dans le cadre de la monnaie unique, il faut « dévaluer » les salaires pour retrouver de la compétitivité. Ce choix est politique : il implique le refus de la solidarité et l'impossibilité de l'action par les finances publiques. Parce qu'il ne peut être assumé en tant que tel et s'avance (mal) masqué derrière la prétendue nécessaire « réforme structurelle du marché du travail », ce choix est fait par défaut. Il n'est pas construit institutionnellement, puisqu'il ne repose sur aucune mesure ou critère particulier qui permettrait de le mettre en œuvre ; il renvoie entièrement la régulation aux seuls mécanismes du marché du travail. Il est, à proprement parler, le projet caché de l'euro.

Comme l'écrivait M. Husson en 1997 : « L'unification monétaire ne peut logiquement précéder une unification économique plus organique, elle doit représenter plutôt l'aboutissement d'un processus [1]. » Quant aux économistes de l'OFCE, ils concluaient alors qu'il ne serait « guère prudent de laisser entrer dans l'UEM des pays à trop forte inflation, qui risqueraient de connaître des pertes importantes de compétitivité les premières années ». En somme, la charrue de l'euro a été mise avant les bœufs de la convergence...

Mettre en concurrence dans une zone monétaire unifiée des États dont les niveaux de productivité, de fiscalité, de salaires et de protection (juridique et sociale) des salariés

1. Michel Husson, « Les mystères de Maastricht » *in La Monnaie unique en débat. Appel des économistes pour sortir de la pensée unique*, Paris, Syros, 1997, hussonet.free.fr/euromys.pdf.

diffèrent profondément, sans rien prévoir qui permette de les rapprocher, c'est aller vers la divergence assurée des économies. Cette zone-là court ainsi en permanence un risque d'explosion. L'histoire de l'euro se résume en somme à ceci: comment et à quel prix ce risque a-t-il pu être conjuré au fil du temps et au gré des circonstances.

1999-2007 : de la création de l'euro à la crise

Toute la question est en effet de savoir comment les contradictions qu'il était possible de souligner avant même la mise en place de l'euro ont pu pendant un premier temps être contenues, avant de revenir brutalement à la surface avec l'éclatement de la crise.

De fait, les choses ne se sont pas passées exactement comme annoncé par la Commission. En effet, trois mécanismes ont empêché le scénario optimiste de fonctionner :

– les taux d'inflation n'ont pas convergé, pour des raisons d'ordre structurel (écarts de productivité) et non à cause d'une dérive salariale ;

– les taux d'intérêt nominaux ont parfaitement convergé ; mais, en raison des différentiels d'inflation maintenus, les taux d'intérêt réels ont divergé ;

– la création d'une monnaie unique a rendu « indolores » les déficits commerciaux, dès lors que des entrées de capitaux permettaient de les financer.

C'est le jeu de ces trois mécanismes qui permet de restituer les évolutions de ce moment et d'expliquer pourquoi la décennie suivant la mise en place de l'euro a pu échapper aux contradictions qui ont resurgi avec l'éclatement de la crise. On a alors redécouvert la réalité de la divergence, et on s'est mis à parler du « Nord » et du « Sud » de la zone euro[1]. Il faut, certes, reconnaître qu'un rattrapage économique a eu lieu, dans la mesure où, de 1999 à 2007[2], les pays du Sud ont connu une croissance plus rapide que celle de ceux du Nord: 2,6 % par an contre 1,9 %, ce qui est allé de pair avec une montée des déficits extérieurs, de la dette, et d'une inflation plus importante qu'au Nord. Notons tout de même que le Sud n'est pas homogène de ce point de vue: si le rattrapage a eu lieu pour l'Espagne, la Grèce et l'Irlande, ce n'est le cas ni du Portugal, ni de l'Italie.

En revanche, la démarcation est parfaitement nette entre Nord et Sud en ce qui concerne le recours aux importations. Celles-ci ont, en effet, augmenté nettement plus rapidement dans les pays du Sud (8,3 % l'an en valeur) que dans les pays du Nord (5,9 %). La croissance économique plus rapide au Sud a donc été très coûteuse en importations, le fait qu'un supplément de croissance requière un surcroît d'importations étant la marque d'une

1. Le constat de cette divergence des économies étant largement partagé, il est désormais banal pour les analyses d'opposer, le Nord, soient l'Allemagne, l'Autriche, la Belgique, la Finlande et les Pays- Bas, au Sud. Celui-ci est composé de ceux que d'aucuns n'ont pas hésité à affubler de l'acronyme anglais de PIIGS : Portugal, Italie, Irlande, Grèce et Espagne. La France occupe la plupart du temps une inconfortable situation intermédiaire. Cette analyse est documentée dans Michel Husson, « Coût salarial unitaire réel et nominal dans la zone euro », note hussonet n° 52, 6 novembre 2012, hussonet.free.fr/csuss.pdf.

2. Rappelons que, même si les billets et pièces en euro ne sont mis en circulation que le 1er janvier 2002, c'est le 1er janvier 1999 que l'euro devient la monnaie unique de 11 pays dont la parité des monnaies avec l'euro est fixée de manière irrévocable.

spécialisation industrielle de moindre qualité. Or, les pays de l'UE sont, de fait, très fortement intégrés économiquement et celle-ci représentait l'essentiel de leur commerce extérieur. Ainsi, en 2006, 58 % des importations italiennes provenaient du reste de l'UE, le chiffre se montant à 62 % pour l'Espagne et à 77 % pour le Portugal. C'est pour cette raison que les déficits commerciaux qui se sont creusés dans les pays du Sud ont permis à ceux du Nord d'accumuler les excédents, et cela dès la mise en place de l'euro. Ceci est particulièrement vrai de l'Allemagne, qui menait alors une politique d'austérité salariale sévère. Les réformes Hartz, menées par la coalition Verts-SPD au début des années 2000, ont, en effet, réduit drastiquement les salaires des précaires, les droits des chômeurs, et multiplié les mini-jobs sans droits sociaux. De ce fait, la consommation des ménages a stagné pendant dix ans et ce sont les exportations vers la zone euro et les pays émergents qui ont tiré une croissance allemande en solo. Ainsi, la machine à diverger était bel et bien en marche dès l'origine.

À partir du moment où ces déficits étaient en retour comblés par des entrées de capitaux en provenance des pays à excédent commercial, de telles évolutions, pour être bien réelles, ont été en quelque sorte anesthésiées. Elles auraient d'ailleurs pu être compatibles avec un scénario de convergence, encore aurait-il fallu pour cela que ces entrées viennent doper l'appareil productif des pays en rattrapage. Or, la baisse des taux d'intérêt réels au Sud (en raison d'une inflation structurellement plus élevée) a donné naissance à des bulles immobilières et financières qui ont favorisé une « mauvaise allocation du capital », orientée non pas vers le secteur exposé mais vers les secteurs, tel l'immobilier, devenus plus rentables en raison de ces phénomènes d'ordre spéculatif. Comme l'indique la Commission européenne, « les choix d'investissement étaient déterminés par la recherche de rentes plutôt que par des considérations d'efficacité [1] ».

Le résultat le plus clair de cette situation est que le processus de convergence productive, celui-là même qui aurait permis de progressivement construire les conditions d'une zone monétaire unifiée, n'a pas fonctionné. Au total, entre 1999 et 2007, tous les pays du Nord – y compris la France contrairement à ce qu'affirme le patronat – ont amélioré leur productivité globale des facteurs ; à l'inverse, les pays du Sud, qui pourtant partaient d'un plus bas niveau de productivité, ont quant à eux tous enregistré un recul de la productivité globale des facteurs. Autrement dit, la convergence réelle – celle qui devait conduire à améliorer l'efficacité productive – n'a pas fonctionné, et la mise en place de l'euro s'est au contraire accompagnée d'une divergence des économies réelles [2]. Pendant toute cette période, bien qu'elle ait été rendue indolore et invisible par les mouvements de capitaux, la fracture qui divise l'UE entre Nord et Sud s'est élargie.

1. Commission européenne, Catching-up Processes in the Euro Area, Quarterly Report on the Euro Area, n° 1, 2013, chap 1, ec.europa.eu/economy_finance/publications/qr_euro_area/2013/pdf/qrea1_focus_en.pdf.

2. Pour une analyse plus développée, voir Michel Husson, « La divergence productive dans la zone euro », note hussonet n° 68, 26 janvier 2014, hussonet.free.fr/edprod.pdf et « Le taux de profit dans la zone euro », note hussonet n° 57, 1er février 2013, hussonet.free.fr/tprofeu.pdf.

2008-2010 : la (brève) parenthèse keynésienne

La crise ouverte en 2008 a provoqué partout dans le monde un effondrement brutal de l'activité économique. Une panique sans précédent s'empare alors des dirigeants occidentaux, qui n'avaient rien vu venir. Keynes et même Marx font la une des journaux économiques néolibéraux comme *The Economist.* Les éditorialistes rappellent à qui mieux mieux les leçons de la crise des années 1930. Pour éviter l'effondrement total des économies, les gouvernants choisissent d'abord de renflouer à guichets ouverts les banques en difficulté. Le montant total des soutiens au système financier – incluant les garanties pas nécessairement utilisées – est évalué à 11 000 milliards de dollars pour les seuls USA et 4 500 milliards d'euros pour l'UE. Selon la Commission européenne, le coût final effectif se monterait à 700 milliards d'euros (5 % du PIB) pour l'UE. En ce qui concerne la France, la Cour des comptes [1] a évalué à quelque 120 milliards d'euros les engagements divers (soutien en fonds propres, refinancements, garanties directes) réellement apportés par les finances publiques, et qui ont depuis lors été remboursés, sur un montant total qui avait initialement été plafonné à 360 milliards d'euros.

C'est aussi le moment où, afin de limiter la récession, les gouvernants mettent en place des plans de relance budgétaire. Ainsi Gordon Brown réduit-il la TVA pour soutenir la consommation ; de son côté, Nicolas Sarkozy instaure une prime à la casse pour les automobiles usagées. Quant à

1. Cour des comptes, « Les concours publics aux établissements de crédit : bilan et enseignements à tirer », Rapport public thématique, mai 2010.

Barack Obama, il lance un plan d'investissements publics et d'allégements d'impôts pour 800 milliards de dollars. Ces plans de relance représentent environ 2 à 3 % du PIB. Insuffisants au regard de la gravité de la situation, ils ne peuvent empêcher la flambée du chômage.

Pourtant, dès 2010, alors qu'Obama continue à soutenir tant bien que mal l'économie américaine, les dirigeants européens prennent un tournant à 180°. Tous ensemble, ils se lancent dans des politiques d'austérité d'une brutalité inouïe : réductions des dépenses publiques et hausses d'impôts se succèdent en rafale dans toute l'UE. Entre 2010 et 2013, l'ajustement budgétaire a représenté pas moins de 5 points de PIB en France, 7,5 points au Royaume-Uni et jusqu'à 19 points en Grèce. Compte tenu de l'intégration des économies, l'austérité communément engagée ajoute évidemment de la récession à la récession déjà installée.

Que s'est-il passé début 2010 qui puisse justifier un tel virage ? Considérant que les survivants étaient sauvés, la finance mondiale a simplement repris le cours antérieur des choses, « business as usual ». Sauvés du désastre par l'intervention des États et des banques centrales [1], les spéculateurs ont repris l'offensive contre ces mêmes États sous prétexte des déficits publics provoqués par la crise financière. Et c'est sur l'Europe que cette offensive s'est concentrée. Précisément sur l'Europe, parce que c'est là, et là seulement, que les États sont entièrement dépendants des marchés financiers. Depuis la création de l'euro,

1. Ainsi, la Banque centrale européenne (BCE) a abaissé ses taux directeurs dès octobre 2008 et mis en place à partir de juin 2009 trois opérations successives de refinancement au taux fixe de 1 % sur une durée d'un an, portant sur des montants illimités.

il est, en effet, strictement interdit au Système européen des banques centrales (SEBC = BCE + les banques centrales nationales des pays adhérents à l'euro) de financer un quelconque déficit public[1], ce que font pourtant abondamment de leur côté les banques centrales britannique, américaine et japonaise. L'UE est donc ainsi un champ libre ouvert à la spéculation contre les États; nulle part dans le monde aucun pays n'a ainsi totalement abdiqué son pouvoir monétaire. En Europe, véritable laboratoire de la financiarisation, ce sont donc les marchés financiers qui seuls décident s'ils vont prêter à un État et à quel taux. Pouvoir exorbitant, qu'ils ne se privent pas d'exercer, puisqu'il est éminemment lucratif!

De ce retournement, la Grèce a servi de déclencheur. Les autorités grecques annoncent en décembre 2009 une révision à la hausse du déficit public – déficit maquillé par

1. Car c'est bien l'article 104 du Traité de Maastricht – retranscrit depuis lors dans l'article 123 du Traité de Lisbonne –, et lui seul, qui a bloqué toute possibilité de financement de l'État par la Banque de France. La simplicité et la brutalité de son texte sur le fond – INTERDIRE –, sont les meilleurs gages de sa redoutable efficacité: « Il est interdit à la BCE et aux banques centrales des États membres, ci-après dénommées “banques centrales nationales”, d'accorder des découverts ou tout autre type de crédit aux institutions ou organes de la Communauté, aux administrations centrales, aux autorités régionales ou locales, aux autres autorités publiques, aux autres organismes ou entreprises publics des États membres; l'acquisition directe, auprès d'eux, par la BCE ou les banques centrales nationales, des instruments de leur dette est également interdite. » Il faut savoir que cette phobie d'un financement public par les banques centrales nationales (BCN) va jusqu'à exiger que le solde du compte de chacun des États membres auprès de sa BCN soit créditeur à la fin de chaque journée comptable. On ne badine vraiment pas avec la discipline de Maastricht…

le gouvernement précédent. La «révélation» – en fait un secret de polichinelle – déclenche une flambée des taux d'intérêt sur la dette grecque: les banques internationales ne veulent plus prêter à la Grèce de peur de ne pas être remboursées. Elles exigent des «primes de risque» colossales, qui dépassent rapidement 10 %. La contagion s'étend bientôt aux autres maillons faibles: l'Irlande, le Portugal et l'Espagne. Dès lors, en quelques mois, le climat idéologique bascule et le programme néolibéral, temporairement discrédité, revient en force. La troïka se met en place pour «guider» les pays attaqués par la spéculation sur le droit chemin, afin qu'ils «regagnent la confiance des marchés»: Commission, Banque centrale européenne et FMI fignolent des plans d'austérité draconiens qui annulent rapidement les effets des plans de relance et vont bien au-delà. L'UE replonge, tandis que les États-Unis, où la relance continue, poursuivent leur reprise.

Les causes européennes de la crise grecque

Le 16 février 2015, alors que le nouveau gouvernement grec, dirigé par Alexis Tsípras, avait entamé ses négociations avec les institutions européennes, et quelques jours après la première initiative de la BCE pour assécher les liquidités de la Grèce [1], Wolfgang Schäuble – alors ministre des Finances de l'Allemagne et membre de l'Eurogroupe – déclarait dans un entretien à la radio:

1. Le 5 février 2015, la Banque centrale européenne (BCE) annonce qu'elle cesse d'accepter les titres publics grecs comme garanties (collatéraux) lors des opérations de refinancement des banques grecques. Voir notamment Pierre Khalfa et Alexis Cukier, «Grèce, l'heure des choix», Le Club de Mediapart, 6 avril 2015.

« La Grèce [doit poursuivre] sur la voie qui, progressivement, restaure les conditions de concurrence de l'économie. [...] Si les Grecs restent sur cette voie, ils réussiront [...] [1]. »

Quelques jours plus tard, le 20 février 2015, Yanis Varoufakis, alors ministre des Finances de la Grèce et en première ligne des négociations, acceptait de signer un accord provisoire avec l'Eurogroupe, qui fut suivi le 23 février par l'acceptation d'une liste de réformes prolongeant la politique austéritaire des «mémorandums» - ces «plans d'aide», établis par la troïka (BCE, Commission européenne, FMI), auxquels a été conditionné le refinancement de l'État grec depuis 2010. Cet accord annonçait la signature le 13 juillet 2015 par le gouvernement Syriza-Anel – en dépit de la victoire du «non» au référendum du 5 juillet – d'un troisième mémorandum prolongeant et aggravant les conséquences catastrophiques des deux premiers [2].

Pourtant, ni Schäuble ni Varoufakis n'ignoraient que, entre mai 2010 et décembre 2012, dans la foulée du premier mémorandum, la production économique totale et le revenu réel en Grèce avaient chuté de presque 20 % [3]. L'ampleur de la crise sociale depuis le premier mémorandum était également connue: en cinq ans, le chômage avait augmenté de 42 %, les retraites avaient baissé de 45 %, les personnes sous le seuil de pauvreté avaient augmenté de près de 100 % [4]. Trois ans plus

1. «Entretien de Wolfgang Schäuble avec Christine Heuer», Deutschlandfunk, 16 avril 2015.

2. Voir Stathis Kouvélakis, *La Grèce, Syriza et l'Europe néolibérale. Entretiens avec Alexis Cukier*, Paris, La Dispute, 2015.

3. Pour plus de détails, voir Heiner Flassbeck et Costas Lapavitsas, «Un programme de sauvetage social et national», in *Euro, plan B. Sortir de la crise en Grèce, en France et en Europe*, Paris, Le Croquant, 2016.

4. Voir notamment Attac, «Grèce, petit guide contre les bobards médiatiques», 13 mars 2015.

tard, en 2018, on comptait toujours 19 % de chômeurs au sein de la population active (pour 12 % en 2010), tandis que ce taux s'élevait à 39,7 % pour les jeunes actifs, et que le salaire moyen demeurait d'environ 20 % moins élevé qu'au début de la crise [1].

Comment comprendre alors les causes de la crise grecque, l'échec de Syriza, et ses conséquences aujourd'hui ?

Le récit dominant à gauche peut se résumer ainsi : l'aveuglement des institutions européennes devant les conséquences sociales néfastes des plans d'aide, d'une part, et les illusions du gouvernement conduit par Alexis Tsípras, d'autre part. Avec le recul, cependant, on peut raconter aujourd'hui une autre histoire, plus réaliste, et qui commence désormais à être sérieusement documentée [2] : d'une part, la volonté des institutions européennes non seulement de sauver les banques au détriment des conditions de vie de la population, mais aussi de faire de la Grèce un exemple de l'inanité de toute tentative de rompre avec la cage de fer néolibérale ; d'autre part, celle du renoncement de la direction de Syriza de mener les politiques économiques nécessaires à cette rupture en vue d'une véritable sortie de crise.

L'intervention désastreuse des institutions européennes

La crise économique déclenchée à la fin des années 2000 en Grèce est directement liée à son appartenance à l'UE, et plus

1. Voir Eurostat, « Unemployment Statistics », 2018, et OCDE, « Average annual Wages », 2018.

2. Voir Panagiotis Sotiris (sous la direction de), *Crisis, Movement, Strategy: The Greek Experience*, Leyde, Brill, 2018 ; voir également en français la série d'articles d'Éric Toussaint, « Le récit de la crise grecque par Yanis Varoufakis : accablant pour lui-même », publiés sur le site du CADTM.

particulièrement à l'Union économique et monétaire (UEM)[1]. La Grèce a été particulièrement affectée par la crise de la zone euro qui a suivi la crise économique mondiale de 2007-2008, en raison principalement de l'énorme déficit de sa balance commerciale et du fait que sa dette publique était détenue principalement à l'étranger. Ces deux facteurs étaient directement liés à l'appartenance de la Grèce à la zone euro (à partir de 2001), dans la mesure où celle-ci a conduit à une crise de compétitivité du pays comparativement aux autres pays de l'UEM, tandis qu'il n'était plus possible de dévaluer la monnaie pour faire face à cette situation. Durant la première décennie de l'appartenance de la Grèce à l'UEM, les investissements économiques ont été faibles, tandis que la balance commerciale et la part de la dette publique par rapport au PIB a considérablement augmenté jusqu'à atteindre 146 % en 2010. Il en a été de même de la dette privée, car les banques grecques ont accordé de très nombreux crédits, en s'appuyant sur le caractère peu onéreux des liquidités sur le marché financier européen. La dette agrégée (privée et publique) a ainsi augmenté de 150 % en 1997 à près de 300 % en 2009, à la veille des premiers mémorandums.

C'est cependant en premier lieu la dette publique grecque, détenue principalement par des banques grecques et européennes, qui a été l'occasion d'une intervention directe – aux conséquences catastrophiques – des institutions européennes dans la politique économique, sociale et institutionnelle de la Grèce. D'une part, en décidant en 2010 d'imposer des taux d'intérêt très élevés aux crédits alloués à la Grèce, les créditeurs européens ont enfermé l'économie grecque dans une crise longue et radicale. D'autre part, comme l'a montré en détail la Commission

1. Pour plus de détails, voir le chapitre 6 de Costas Lapavitsas, *The Left Case against the EU*, Cambridge, Polity Press, 2018.

pour la vérité sur la dette grecque[1], les mémorandums ont eu pour principal objectif de sauver les banques européennes (y compris grecques) qui étaient menacées par la perspective d'un défaut de remboursement de l'État grec, au détriment des conditions de vie et de travail de la grande majorité de la population.

Le renoncement de Syriza

C'est dans ce contexte qu'il faut comprendre l'ascension du parti Syriza, mais aussi le renoncement de sa direction à mettre en œuvre les politiques économiques nécessaires à une amélioration des conditions de vie et de travail de la majorité de la population de la Grèce. Rappelons qu'en 2012, au moment de sa première percée électorale, Syriza défend un programme politique radical, qui comprend des mesures telles que l'abrogation unilatérale des mesures d'austérité, la suspension de paiement de la dette, la socialisation des banques, et des positions de principe telles que «pas de sacrifice pour l'euro». En 2014, le programme électoral de Syriza, dit «de Thessalonique», prévoyait quatre points: une renégociation des contrats de prêts et de la dette publique; des mesures sociales: rétablissement du salaire minimum, réinstauration des conventions collectives, mesures pour les plus pauvres; la reconstruction démocratique de l'État: lutte contre l'évasion et la fraude fiscales, contre la corruption, réembauche des fonctionnaires licenciés; un plan de reconstruction productive: arrêt des privatisations, industrialisation et transformation de l'économie par des critères sociaux et écologiques. Il s'agissait donc d'un programme keynésien modéré, mais dont l'application aurait nécessité une confrontation directe avec les institutions européennes. Cependant, la

1. Commission pour la vérité sur la dette publique grecque, *La vérité sur la dette grecque*, Paris, Les Liens qui libèrent, 2015.

perspective d'une victoire électorale ouvre, à partir de 2012, une période de reflux démocratique dans ce parti, marquée notamment par l'augmentation du pouvoir du président du parti, mais aussi par un décalage croissant entre les positions politiques publiques et le programme de gouvernement discuté entre les membres du cercle proche du Premier ministre.

C'est ce qui explique l'attitude apparemment contradictoire du premier gouvernement Tsípras lors des négociations avec l'Eurogroupe, combinant un discours de contestation radicale des institutions européennes et un respect absolu des règles du fonctionnement de ces institutions. La séquence politique de juillet 2015 s'éclaire également dans cette perspective: le référendum du 5 juillet n'avait aucunement pour objectif de légitimer des mesures de désobéissance du gouvernement grec à l'égard de la troïka, mais de justifier un troisième mémorandum dont le principe était déjà validé de longue date. Le troisième mémorandum a été présenté comme la seule réponse possible du gouvernement grec à une menace d'exclusion de la zone euro dépeinte comme une catastrophe à éviter à tout prix.

Ce troisième mémorandum contenait notamment, on le sait, la suite de la «cure d'austérité», notamment la hausse de la TVA, le recul de l'âge de la retraite à 67 ans de manière rétroactive et la baisse des retraites des fonctionnaires. Mais on n'a pas assez insisté sur le saut qualitatif alors effectué dans la «dé-démocratisation» de l'État grec, lié notamment au contrôle accru des institutions européennes sur les décisions du Parlement grec et des agences étatiques. Un pays sous tutelle, mis à l'encan et où les biens publics sont vendus à bas prix, tel est aussi le résultat de ce mémorandum. Si on ajoute au montant des privatisations le transfert des créances des dettes privées vers le secteur public à l'occasion de «crise» de la dette publique grecque, et le fait que

75 % des «aides» de la troïka ont servi à refinancer de manière déguisée des banques privées, on obtient une opération colossale de transfert du public vers le privé, qui pourrait avoisiner les 200 milliards d'euros. Cette accumulation par dépossession est inséparable de la «dé-démocratisation» des institutions politiques grecques organisée par les institutions européennes.

Pour conclure

Malgré le retour – présenté comme une victoire par le gouvernement grec – de la Grèce sur les marchés financiers et la sortie formelle du régime des mémorandums en août 2018, la Grèce n'est aucunement sortie de la crise économique, sociale et politique amorcée à la fin des années 2000. La fin du troisième mémorandum n'a en effet nullement empêché le gouvernement Syriza-Anel de s'engager à dégager un excédent budgétaire de 3,5 % du PIB jusqu'en 2022, puis de 2,2 % jusqu'en 2030. Chaque trimestre, c'est toujours la troïka qui devra évaluer l'évolution économique du pays dans le cadre du Mécanisme européen de stabilité (MES), qui a prévu pour la Grèce un régime de «surveillance renforcée». Plus encore, la normalisation de la vie politique grecque s'est accompagnée d'une participation active du gouvernement grec aux politiques migratoires discriminatoires et meurtrières mises en œuvre par l'UE, ainsi que d'une répression policière et judiciaire à l'égard des mouvements sociaux et de l'opposition de gauche[1]. Dans ces conditions, le récit politique dominant demeure le même, celui d'institutions européennes satisfaites de leur gestion de la «crise grecque» et félicitant le peuple grec des sacrifices consentis pour contribuer au sauvetage de l'ordre néolibéral en Europe.

---

1. Voir «Appel contre la répression des mouvements sociaux en Grèce», *Libération*, 27 novembre 2018.

Fin 2012, le retour aux fondamentaux de l'UE et de l'euro, à l'austérité donc, est sanctifié institutionnellement par l'adoption du TSCG. Carcan qui finit de parachever l'entreprise maastrichtienne, en limitant totalement les choix de finances publiques des États membres.

Le Sud, versus le Nord… dans cette crise qui s'ouvre, le péché originel de l'euro reprend alors logiquement le dessus. L'absence de tout mécanisme de régulation comme de solidarité fait, *in fine*, payer la facture aux peuples, via la « dévaluation interne ». L'expérience de laboratoire européenne se paie par la stagnation salariale et par des millions de chômeurs supplémentaires. Ainsi, aux USA, le chômage, passé de 7 millions en 2007 à un maximum de 14,8 millions en 2010 n'a cessé de refluer depuis lors, jusqu'à retrouver un niveau de 6 millions fin 2018, inférieur donc à celui d'avant la crise. Ce n'est nullement le cas de l'UE, où le reflux aura été à la fois plus tardif et bien moins important. L'UE est, en effet, passée de 16 millions de chômeurs en 2007 à un maximum de 26,8 millions en 2014. Avec 16,7 millions de chômeurs fin 2018, le niveau d'avant-crise n'y est toujours pas encore retrouvé. Quant à la zone euro, empêtrée dans ses contradictions, l'addition y a encore été plus lourde : avec 13,2 millions de sans-emploi fin 2018, elle compte encore un million de chômeurs de plus qu'au moment de l'entrée en crise.

2008-2018 : la BCE, sauveur suprême

Alors que la discipline des finances publiques n'a donc connu qu'une courte parenthèse de relâchement avant de rapidement retrouver ses fondamentaux restrictifs, la BCE a été contrainte de s'engager sur des chemins nouveaux et hétérodoxes, ceux du *quantitative easing.*

Face à la crise financière et à la grande récession de 2008-2009, puis à celle de 2011-2012 déclenchée par les dettes publiques sur le marché des obligations d'État et au nouvel épisode de récession qui s'engageait en 2012, la BCE a dû répondre par des mesures d'assouplissement monétaire véritablement considérables. Elle ne l'a pas fait sans hésitation et, hantée par l'inflation, a commencé à agir à contretemps. Ainsi, en juillet 2008, à quelques semaines de l'explosion de la crise financière, elle relevait son taux directeur à 4,5 % pour lutter contre une inflation pourtant faible, alors même que l'activité économique donnait de sérieux signes de ralentissement. À l'inverse, la Federal Reserve, la banque centrale américaine, avait déjà entamé un processus de forte baisse de ses taux directeurs face à la menace de récession. Par la suite, la BCE s'est décidée à baisser progressivement son taux. Mais elle l'a fait de façon parcimonieuse et trop lentement, émoussant ainsi l'arme monétaire. En avril, puis juillet 2011, elle l'augmente de nouveau par deux fois, alors même que l'activité économique était quasi stagnante. Devant la récession qui néanmoins s'installait, la BCE est rapidement revenue sur ces augmentations et a ensuite continué à baisser ses taux d'intérêt. Cela ne suffisant pas, elle a dû utiliser progressivement tous les instruments disponibles[1]: baisse des taux d'intérêt directeurs, dispositifs de refinancement à

1. Sur ce point, *cf.* «Les mesures de politiques monétaires et leurs effets», *Bulletin de la Banque de France,* n° 205, mai-juin 2016, et «Rapport Annuel 2016» de la BCE.

plus long terme et d'achats de titres, et notamment de « souverains ».

On peut de ce point de vue distinguer trois épisodes, chacun étant marqué par un impératif principal différent. Dès le déclenchement de la crise de 2008, afin de limiter les tensions sur un marché interbancaire alors en cours d'effondrement, la BCE s'est engagée dans des assouplissements. Ces mesures étaient tournées vers les banques. En effet, par crainte du risque de défaut de leurs consœurs, les banques ne se prêtaient plus entre elles et les taux du marché monétaire s'étaient envolés. Or, le financement des opérations par des ressources à très court terme levées sur le marché monétaire est essentiel, souvent même prépondérant. Ainsi, la Cour des comptes a-t-elle pu relever en 2010 que « pour deux des cinq groupes bancaires français, le stock de ressources à moins d'un an excède de 100 Md € le stock à moyen et long terme. Les activités de banque de financement et d'investissement sont financées par des emprunts à moins d'un an réalisés sur ce marché[1] ». Le recours au marché monétaire est donc crucial pour les banques, qui financent ainsi nombre de leurs opérations. Que ce marché se bloque et c'est tout l'édifice qui menace de s'écrouler. Les premiers trains de mesures de la BCE ont donc essentiellement visé à conjurer ce risque, en assurant la liquidité du marché monétaire et, donc, du système bancaire.

Mais en 2014, la stagnation économique persistante et un nouvel épisode déflationniste ont fait peser un risque majeur sur les économies de la zone.

1. Cour des comptes, « Les concours publics aux établissements de crédit : bilan et enseignements à tirer », rapport précité.

La déflation

La déflation, c'est la baisse cumulative des prix et des salaires. La cause essentielle: la baisse continue des demandes intérieures privées et publiques dans la quasi-totalité des pays de la zone euro. La crise financière et la récession qui a suivi, aggravée par les politiques d'austérité, en sont directement responsables. La déflation est une catastrophe, car elle incite les acteurs économiques à repousser leurs décisions d'achat dans l'attente de futures baisses de prix. Les entreprises cessent d'investir, inquiètes à la fois du manque de débouchés et de la baisse des prix de leurs produits, ce qui renforce encore la dépression de la demande. Autre conséquence majeure, les taux d'intérêt nominaux, même s'ils semblent faibles, sont forcément supérieurs à zéro: la déflation accroît donc les taux d'intérêt réels, rendant plus difficiles le financement des déficits publics et le remboursement de la dette. L'augmentation des taux d'intérêt réels pèse sur les ménages et les entreprises qui hésitent à s'endetter, ce qui renforce encore la tendance à la stagnation.

À cela trois raisons principales. D'abord, en interne, la reprise d'une politique d'austérité dans l'ensemble de la zone a profondément déprimé son économie. Deuxièmement, en externe, avec la reprise américaine, les taux d'intérêt ont amorcé une remontée au début de 2014. Enfin, une nouvelle inquiétude est apparue sur l'inflation : après un niveau haut à 3 % fin 2011, une tendance baissière de l'indice des prix s'est engagée et s'est poursuivie jusqu'au début de 2015. Cela jusqu'à atteindre régulièrement des valeurs négatives à la mi-2015, puis au début 2016, sous l'influence notamment de la baisse du prix du pétrole. Sous l'empire de ces trois facteurs, c'était cette fois-ci le risque déflationniste qui menaçait.

Après le risque bancaire, c'était donc le financement des économies elles-mêmes qui était en question. Face à ce risque d'asphyxie, la BCE s'est engagée dans un nouveau train de mesures, dont certaines de nature dite «non conventionnelle»: c'est dire combien le péril paraissait alors grand. Les «mesures conventionnelles» visent principalement à agir sur les taux d'intérêt directeurs pour influencer les taux de marché. Le recours à des «mesures non conventionnelles», comme les achats d'actifs par la BCE, s'est imposé lorsque, les taux d'intérêt directeurs ayant atteint des valeurs voisines de zéro, la marge de baisse supplémentaire des taux d'intérêt devenait alors très limitée. En juin, puis en septembre 2014, le Conseil des gouverneurs a une nouvelle fois abaissé les taux directeurs, afin d'endiguer le durcissement des conditions monétaires importé de l'extérieur. La BCE est ainsi la première banque centrale d'une grande zone monétaire à avoir mis en place des taux d'intérêt directeurs négatifs. Mais rien décidément n'y faisait. Face à la poursuite de la baisse du volume de crédit octroyé par les banques, il a fallu décider, en juillet 2014, de mettre en place un nouveau programme d'opérations de refinancement. L'objectif était d'inciter les banques à accroître leur offre de prêts aux entreprises et aux ménages. C'étaient donc bien les économies et non plus les banques qui étaient alors en péril.

En octobre 2014, nouvelles mesures: d'abord, un programme d'achat de titres adossés à des actifs de l'économie réelle et reposant sur des prêts (prêts immobiliers, prêts automobiles, prêts à la consommation, prêts aux entreprises) ; ensuite, un programme d'achat d'obligations, ciblant un large portefeuille d'obligations émises par des banques de la zone euro. Aucune d'entre elles ne concernait le secteur public. Or, dans le même temps, un autre front, le troisième, s'était ouvert, celui des titres souverains, les obligations d'État. Dès le début de la crise, la BCE avait certes dû mettre en place des actions en direction des titres publics. Mais, beaucoup trop timides, ces actions ne pouvaient prétendre contenir les assauts des marchés, aussi la spéculation ne désarmait-elle pas. En janvier 2015, à contrecœur et contre l'avis des représentants de la Bundesbank [1], le Conseil des gouverneurs franchit le Rubicon et décide enfin d'étendre les précédents programmes d'achats d'actifs pour y inclure des obligations du secteur public en mettant en place le Public sector purchase program (PSPP). C'était là une rupture majeure dans la politique de l'Eurosystème, qui ne s'était jusqu'alors guère ému de la situation des États. Ceux-ci étaient, en effet, supposés revenir progressivement dans les clous de la discipline maastrichtienne, et jusqu'alors cette doctrine intégriste paraissait suffisante; nul besoin donc que la BCE s'en mêle vraiment. À ce moment, toutefois, il devenait clair que, conjuguée à un risque déflationniste patent, une politique restrictive – permettant donc de prendre le

1. Rappelons à cet égard que ces décisions se sont constamment heurtées aux positions de la Bundesbank. Dès septembre 2011, Jürgen Stark, membre allemand du directoire de la BCE et son économiste en chef, préfère démissionner plutôt que d'assumer ces décisions. De même, Jens Weidmann, gouverneur de la Bundesbank, s'est constamment opposé à des choix contraires à l'orthodoxie monétaire qu'il défend.

chemin de Maastricht – des dépenses publiques généralisée dans la zone euro conduisait tout droit à la catastrophe : l'éclatement de la zone du fait de la divergence de ses économies. Faute de l'existence d'un quelconque mécanisme de solidarité communautaire, faute de la moindre volonté politique de mettre en œuvre une action coordonnée de relance, face donc à la totale carence des institutions de l'UE, la BCE était seule et en première ligne. Il lui fallait agir, ou consentir à assister, impuissante, à l'éclatement de la zone qu'elle était censée organiser.

La décision de janvier 2015 est donc historique : au grand dam de certains, l'Allemagne en tête, les achats mensuels de titres des secteurs public et privé dans le cadre de ce programme étendu sont alors calibrés à hauteur de 60 milliards d'euros. Prévus initialement pour être effectués jusqu'à septembre 2016, les évolutions toujours défavorables de 2015 ont ensuite et une nouvelle fois amené la BCE à recalibrer ces mesures en décembre 2015, tant elles apparaissaient insuffisantes, et le programme d'achats de titres sera prolongé d'abord jusqu'en mars 2017. En mars 2016, la BCE devra néanmoins encore procéder à une nouvelle extension du programme et, entre autres mesures, le montant mensuel des achats publics sera porté de 60 à 80 milliards d'euros. Ce programme, jusqu'à présent reconduit dans le temps et puis progressivement réduit dans son montant, prend définitivement fin au 31 décembre 2018… à moins qu'une nouvelle crise ne vienne le relancer.

Ces quelques rappels montrent combien la BCE a tardé à réagir face à une situation pourtant évidente : ce n'est qu'en 2015, avec le PSPP, qu'elle s'est résignée à inclure les obligations souveraines dans le programme de rachats de titres; ce n'est que fin 2015 qu'elle y a inclus les titres des collectivités territoriales. Pendant tout ce temps, elle n'a avancé qu'à reculons en prenant à chaque fois des mesures à la fois tardives et notablement insuffisantes, et surtout à l'intention des seules valeurs du secteur privé. Selon le Corporate Europe Observatory[1], 68 % du rachat d'obligations par la BCE a été fait en faveur d'entreprises appartenant au secteur des industries fossiles telles que Shell, Total, Engie, BMW, Repsol, Cofiroutes, etc. Ce n'est qu'en 2016, *annus horribilis*, qu'elle a fini par véritablement prendre la mesure des évènements. En se résignant à ouvrir sa mission à des rachats de titres souverains, la BCE a admis la nécessité d'une politique d'*open market*, de rachats sur le second marché. Elle a donc été amenée à jouer le rôle de prêteur en dernière instance des États, qu'elle s'était jusqu'alors refusée à assumer. Elle a donc violé, sinon la lettre, du moins l'esprit des traités qui lui interdisent de financer les États. Les traités lui refusent certes d'être prêteur direct, mais ne lui interdisent pas explicitement de l'être indirectement en rachetant de la dette souveraine sur le marché. Cela ne relève que de sa propre décision, c'est-à-dire de son Conseil des gouverneurs.

Les mesures prises par la BCE reviennent à distribuer de l'argent aux banques en espérant que celles-ci prêtent aux entreprises et aux ménages afin de relancer l'activité économique. L'hypothèse implicite de ces mesures est que la stagnation économique était due à un manque de liquidités. Or ce diagnostic est faux. Les entreprises européennes

1. Corporate Europe Observatory, «The ECB's 'quantitative easing' funds multinationals and climate change», 12 décembre 2016.

baignent dans les liquidités. En 2014, les grandes entreprises européennes détenaient ainsi plus de 1 000 milliards de dollars de cash. Cette somme est 40 % plus élevée qu'en 2007 à la veille de la crise financière internationale, et quasiment trois fois plus élevée qu'en l'an 2000. La France n'est pas en reste, où les entreprises non financières du CAC 40 détenaient en 2014 environ 160 milliards d'euros de cash. Ce n'est donc pas l'argent qui manque aux entreprises pour investir.

Mais, alors que la demande publique ou privée est anémiée par les politiques d'austérité et que l'activité économique stagne, la reprise ne peut être qu'atone. Les économistes nomment « trappe à liquidité » une situation dans laquelle la politique monétaire devient peu ou pas opérante. Faute de demande, l'argent de la BCE est peu injecté dans le circuit économique et les liquidités sont en bonne partie conservées sur les comptes des banques à la BCE – et ce malgré un taux de dépôt négatif – pour faire face à des coups durs. Le risque est alors grand que l'argent mis à disposition par la BCE aille nourrir une nouvelle bulle financière si les banques se mettaient à prêter pour les usages financiers des institutions financières ou des grandes entreprises : rachats d'actions, fusions-acquisitions notamment, qui ont explosé ces dernières années.

Au moment où ce programme s'achève, il faut que la BCE admette que ce rôle qu'elle a été amenée à jouer sous la contrainte d'une situation exceptionnelle est une mission qu'elle se doit de jouer en tout temps. Il lui faut en pérenniser et en banaliser l'usage, mais aussi le modifier pour que les liquidités injectées ne servent pas à alimenter des bulles financières, ce qui implique que ces financements apportés aux banques soient conditionnels et ciblés sur l'économie réelle. Ce n'est qu'ainsi qu'elle pourra pleinement jouer son rôle de banque centrale. Au total, la BCE a elle-même démontré, même si c'est à son corps défendant, qu'une politique différente est possible et, *a contrario*, la totale incurie des institutions européennes auxquelles elle a de ce fait été amenée à se substituer.

Aujourd'hui : l'accumulation des tensions

La crise a pris en Europe la forme d'une crise des dettes souveraines. Celle-ci renvoie bien sûr aux dimensions économiques et institutionnelles de la construction européenne, et notamment au refus de mutualiser les dettes. Mais elle doit aussi, et même d'abord, être interprétée comme l'effet des divergences productives entre les pays de la zone, qui se traduisent par une accumulation de tensions financières ; comme l'effet boomerang, en somme, d'une convergence qui ne se produit pas, parce que ces institutions-là en empêchent la réalisation. C'est pourquoi, au moment où la BCE s'apprête à retourner à une politique monétaire conventionnelle et à en finir avec le *quantitative easing*, le retour à la normale des marchés financiers sera lourd de risques. À cela trois raisons principales.

Un système bancaire non purgé

Les banques de l'UE regorgent aujourd'hui de créances douteuses. Ce sont soit des prêts qui ont un retard de paiement conséquent – l'Autorité bancaire européenne l'a fixé à 90 jours –, soit qui ne seront probablement jamais remboursés. La banque doit donc les provisionner, ce qui peut lui poser problème. La part des « prêts non performants » peut à première vue apparaître modeste. Elle ne concerne que 4,9 % des crédits émis dans la zone euro. Mais cela correspond à un montant de 730 milliards d'euros, dont une partie non négligeable, 395 milliards d'euros, n'a pas été provisionnée [1], ce qui signifie que les banques sont ainsi très fragilisées.

Cependant ce risque est inégalement réparti suivant les pays. Ainsi, la part des créances douteuses dans le total des créances des banques nationales est de près de 39 % pour Chypre et 45 % pour la Grèce. Autant dire que les banques de ces pays sont très mal en point. D'autres pays sont aussi dans une situation difficile avec une part de créances douteuses, dont une grande partie n'a pas été provisionnée, qui dépasse les 10 %. C'est le cas de l'Italie, de la Slovénie, de l'Irlande, du Portugal et de la Croatie.

Mais le taux de créances douteuses ne dit pas tout. En effet, un pays peut avoir globalement un taux peu élevé et connaître quand même des problèmes avec ses banques. C'est par exemple le cas de l'Espagne, où ce taux est inférieur à 5 %, ce qui n'a pas empêché la faillite de la Banco Popular, qui a dû être vendue 1 euro en catastrophe à la banque Santander. Cependant, le plus important est de savoir si une banque est systémique, c'est-à-dire si ses difficultés peuvent mettre en danger le système financier dans son ensemble par ses liens avec d'autres établissements financiers. Cela a été le cas en 2008 pour la banque

1. Céline Antonin, Sandrine Levasseur, Vincent Touzé, « *L'Union bancaire face au défi des prêts non "performants"* », *Revue de l'OFCE*, 2018.

Lehman Brothers. L'Allemagne en fournit un bon exemple. La part des créances douteuses y est très faible, moins de 2 %. Cependant la principale banque allemande, la Deutsche Bank se débat dans des difficultés inextricables dont elle n'arrive pas à sortir.

Plus globalement, comme l'indiquent les économistes du CEPII, « les banques systémiques en zone euro sont ainsi en moyenne moins capitalisées que les autres, alors qu'elles devraient l'être davantage vu le risque qu'elles font courir au système[1] ». Même s'il est peu probable que le scénario de Lehman Brothers puisse se reproduire, car les États et la BCE ne laisseraient pas faire, le risque n'est cependant pas écarté, ce d'autant plus que les banques entretiennent des liens étroits avec des établissements financiers hors de tout contrôle, le *shadow banking*, la finance de l'ombre. Les difficultés d'un établissement financier du *shadow banking* pourraient ainsi se transmettre aux banques.

Ce scénario est d'autant plus possible qu'une des solutions préconisées par les institutions européennes pour résoudre le problème des créances douteuses est de favoriser leur titrisation, ce qu'encourage la directive STS de décembre 2017. Il s'agit de transformer des prêts hasardeux en actifs financiers échangeables sur le marché en passant par un « véhicule », appartenant au *shadow banking*, juridiquement indépendant de la banque. Double avantage pour cette dernière : elle transfère le risque sur d'autres entités

1. Jézabel Couppey-Soubeyran, Thomas Renault, « 10 ans après la faillite de Lehman Brothers, le risque systémique a-t-il baissé ? », La Lettre du CEPII, n° 391, septembre 2018, http://www.cepii.fr/PDF_PUB/lettre/2018/let391.pdf.

et n'a donc plus besoin de provisionner. Rappelons que, en 2007, la crise des *subprimes*, élément déclencheur d'une des plus graves crises financières mondiales, trouve son origine dans un processus de ce type. L'inconscience des gouvernants semble ne pas avoir de limites.

Pour faire face au risque de crise bancaire, les autorités européennes ont mis en place en 2014 l'Union bancaire européenne, qui comporte trois piliers : le pilier 1 institue un superviseur unique des grandes banques, fonction confiée à la BCE. Les piliers 2 et 3 prévoient respectivement la création d'un système européen de garantie des dépôts et un mécanisme commun de résolution des crises bancaires. Le but affiché par ces nouveaux dispositifs est double : renforcer la solidarité entre pays en cas de crise, et faire payer aux actionnaires, plutôt qu'aux contribuables, le coût des défaillances bancaires. Il est fort probable que ces beaux principes resteront lettre morte. En effet, les ressources financières prélevées sur les banques pour alimenter le fonds européen de résolution ne s'élèveront qu'à 60 milliards d'euros... en 2026. C'est ridiculement faible : la seule BNP Paribas représente un bilan supérieur à 2 000 milliards d'euros. Par ailleurs l'Allemagne, qui refuse de payer pour les banques des pays du sud de l'Europe, a obtenu que les mécanismes de solidarité soient fortement réduits.

Target 2 : Les déséquilibres intérieurs s'aggravent

Peu connaissent Target – soit *Trans-European Automated Real-time Gross settlement Express Transfer* –, et savent que derrière cet obscur acronyme se cache un rouage pourtant essentiel de la zone euro : le système de règlement qui compense les engagements et créances des BCN de la zone entre elles et avec la BCE. Il a été mis en place en même temps que la BCE en janvier 1999 : c'était Target 1 ; en 2008, Target 2 le remplace et devient le système de paiement dit « de montants élevés » de l'Eurosystème. Il est structuré autour d'une unique plate-forme partagée sur laquelle repose la gestion technique des comptes ouverts aux institutions financières sur les livres des BCN participantes.

Il faut d'abord bien comprendre les mécanismes en cause. Si dans un pays une banque veut faire un règlement à une autre, elle-même située dans ce pays, le compte de la première auprès de sa banque centrale nationale (BCN) est débité, symétriquement, celui de l'autre est crédité ; au total, la taille du bilan de la BCN est inchangée. Si, par contre, les banques ne sont pas situées dans le même pays, les règlements transitent par les deux BCN concernées, l'une enregistrant une dette, l'autre une créance, ce qui modifie les tailles de leurs bilans. En 2017, Target 2 a, en moyenne, enregistré des transactions pour un montant quotidien de 1 700 milliards d'euros : c'est donc un instrument essentiel aux échanges et qui, techniquement parlant, fonctionne bien.

Suivre l'évolution des soldes Target des différentes BCN permet ainsi d'avoir une commode vision d'ensemble de l'accumulation des dettes et créances réciproques entre les pays de la zone euro. Cet examen est particulièrement instructif : les soldes accumulés sont considérables et, de surcroît, ne cessent de diverger depuis 2014 et la mise en œuvre de la politique de *quantitative easing* de la BCE. Cette évolution traduit dans le champ financier les déséquilibres économiques structurels précédemment évoqués. S'y opposent, en effet, d'un côté les pays débiteurs du Sud (essentiellement Italie, Espagne, Portugal) et, de l'autre, les pays créanciers du Nord (Allemagne, Luxembourg, Pays-Bas, Finlande). Les niveaux sont particulièrement conséquents puisque, à fin octobre 2018, l'Allemagne et le Luxembourg détenaient, respectivement, 928 milliards d'euros et 224 milliards d'euros de créances sur le reste de la zone ; cela alors que, en regard, l'Italie, l'Espagne et le Portugal étaient débiteurs à hauteur de, respectivement, 489 milliards d'euros, 397 milliards d'euros et 79 milliards d'euros. Quant à la France, au-delà des fluctuations, sa position est structurellement proche de l'équilibre, traduisant la position intermédiaire qu'elle occupe entre Nord et Sud.

Si Target est ainsi un bon observatoire des processus structurels de divergence qui sont à l'œuvre au sein de la zone, encore faut-il comprendre que son existence même signifie que l'euro n'est pas une véritable monnaie unique. Le seul fait qu'il ait fallu mettre en place une chambre de compensation entre BCN le démontre, car ceci est impensable au sein d'une zone monétaire véritablement unifiée et « optimale ». Le fait que les soldes s'accumulent signifie que l'euro n'est pas non plus une monnaie commune (sur ce point, *cf.* chapitre 5), car en ce cas les fluctuations internes de change permettraient de pallier les déséquilibres. Ni monnaie commune, ni vraiment monnaie unique, en l'état, faute d'unification fiscale et sociale, l'euro est une monnaie unique incomplète, une chimère.

S'agissant toutefois d'une monnaie propre à l'ensemble des pays membres, les créances Target ne sont pas collatéralisées, c'est-à-dire ne sont pas adossées à des actifs pris en garantie, car elles ne sont pas à proprement parler des prêts. En fait, Target 2 représente pour les BCN débitrices quelque chose de l'ordre d'une possibilité de découvert illimité.

Aussi, l'inquiétude des créanciers est-elle grande : que se passerait-il en cas de sortie de l'euro ? Il s'agit, en effet, de sommes considérables : les créances de la Bundesbank représentent 29 % du PIB de la RFA ; quant à la dette Target 2 de la Banque d'Italie, elle se monte à 33 % du PIB transalpin et celle de l'Espagne à 27 % du sien. Chacun sait donc bien que, en cas de sortie unilatérale ou même de simple difficulté, le recouvrement des créances serait impossible et que, symétriquement, le défaut de l'Italie ou/et de l'Espagne le serait tout autant. S'agissant des troisième et quatrième économies de la zone, et non plus de la Grèce, il signifierait, en effet, un cataclysme financier européen et donc mondial, auprès duquel la crise de 2007-2008 pourrait bien passer pour une aimable bluette !

C'est donc, pour l'instant, le fragile équilibre de la terreur et de la dissuasion réciproques qui prévaut, mais cela ne règle évidemment rien sur le fond : la divergence structurelle des économies de la zone. Si, avec l'aide du *quantitative easing* de la BCE, Target 2 a donc permis d'assurer un recyclage interne à la zone des excédents financiers du Nord et d'ainsi préserver la viabilité de l'euro en dépit de la divergence continue des économies réelles, c'est au prix de l'accumulation improbable d'une montagne de créances et de dettes réciproques.

Un déséquilibre nouveau : l'excédent des paiements courants de la zone euro

Mais, la période récente a aussi vu l'apparition d'un nouveau déséquilibre, celui des balances courantes. Alors que cette balance de la zone euro était grosso modo en équilibre jusqu'en 2012, les excédents du Nord compensant les déficits du Sud, les années qui ont suivi ont, par contre, vu l'apparition d'un important excédent (*cf.* Graphique I). La balance des transactions courantes d'un pays est le résultat de la balance commerciale, celle des biens et des services marchands, et de celle des transferts unilatéraux, qui concerne les biens ou services échangés sans rétribution apparente : dons, subventions, envois d'argent à l'étranger par des travailleurs immigrés, etc. Le solde, solde des paiements courants, traduit ainsi la position financière d'un pays par rapport au reste du monde.

Graphique I

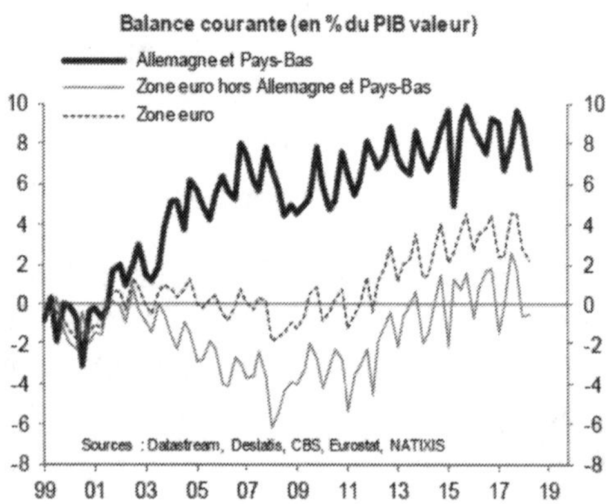

Source : Patrick Artus, Flash Économie, n° 1332, 22 novembre 2018, Natixis.

Un solde positif traduit un excès d'épargne par rapport à la demande intérieure; le pays est prêteur à l'égard du reste du monde. À l'inverse, un solde négatif traduit une position débitrice nette; le pays doit faire appel à l'épargne du reste du monde. Pour la doxa économique, une balance courante négative, signifie que le pays «vit au-dessus de ses moyens». En effet, dans ce cas, la demande intérieure – que ce soit du fait de l'investissement ou/et de la consommation – est supérieure à la production de richesses; l'épargne intérieure étant, *in fine*, insuffisante, il faut donc faire appel à celle des autres. Remarquons que là où l'idéologie libérale célèbre les pays excédentaires comme des pays vertueux, on devrait en symétrie, au contraire, les stigmatiser, car ils vivent notoirement «au-dessous de leurs moyens», qu'ils sous-consomment ou/et sous-investissent; des pays pingres, donc, des Oncles Picsou, en quelque sorte [1]...

L'apparition récente de cet excédent global de la zone euro est le résultat de deux évolutions distinctes. D'un côté, conséquence de la politique d'austérité qui, via le chômage de masse et la stagnation des salaires, a effondré leur demande intérieure, les déficits du Sud ont disparu.

1. On notera au passage que les dispositions de discipline instituées dans l'Union, les «procédures de déséquilibres macroéconomiques» (PDM, sur ce point, *cf.* chapitre 1) sont supposées permettre d'imposer aux pays excédentaires des mesures correctives. Dans les faits seuls les pays ayant des déficits sont mis en cause par la Commission. Sur ce point, *cf.* Henri Sterdyniak, «Faut-il sanctionner les excédents allemands», OFCE, Le Blog, 26 février 2015; Cour des comptes européenne, «Audit de la procédure concernant les déséquilibres macroéconomiques», n° 3, 2018.

Aujourd'hui, effet de cette discipline austéritaire, à l'exception de la Grèce, tous les pays du Sud ont une balance des paiements courants excédentaire ! Le chômage de masse côtoie ainsi l'excès d'épargne, qu'il contribue à créer. Quelle absurdité !

Enfin, de l'autre, les excédents du Nord ont continué leur progression, jusqu'à atteindre des niveaux proprement invraisemblables : en 2017, 10,5 % du PIB pour les Pays-Bas, 7,9 % pour l'Allemagne… Pour donner ici un point de comparaison commode, la Chine, communément montrée du doigt pour son excédent courant excessif et les déséquilibres internationaux auxquels il conduit, a connu une pointe maximale à 10 % en 2007, mais le contient désormais sous les 3 %, grâce à sa politique volontariste de développement de son marché intérieur [1]. De son côté, l'excédent de la balance courante de la zone euro a été de 3,2 % de son PIB en 2017, plus donc que celui actuel de la Chine… Devant une telle situation, la conclusion est simple, elle est celle de l'OFCE : « Maintenir un tel excédent de la zone euro sur le long terme semble peu probable. Certes, les pressions à l'appréciation de l'euro sont aujourd'hui contenues par la politique monétaire particulièrement accommodante de la Banque centrale européenne (BCE), mais lorsque viendra le moment de la normalisation des politiques monétaires, il est probable que l'euro s'appréciera significativement. Outre un impact déflationniste, cela pourrait relancer la crise de la zone, en creusant à nouveau les déficits extérieurs des pays du Sud par une perte de leur compétitivité.

1. Alice Schwenninger, « La Chine à travers le spectre de la balance des paiements », OFCE-Sciences Po, Working Paper, n° 22, juin 2018.

Les motifs de sortie de la zone euro s'amplifieront alors [1]. » On ne saurait mieux dire ce qui s'annonce...

Reste, enfin, que l'existence simultanée d'une aggravation des divergences internes, que matérialisent la poursuite de la montée des créances et des dettes Target 2, et l'apparition d'un excédent global des soldes courants est un signal qui devrait alarmer même les plus fervents zélateurs de l'Europe telle qu'elle se construit. Pour illustrer cette situation de façon imagée, même si quelque peu sommaire, elle correspond, par exemple, à une Italie qui vend moins de Fiat à l'Allemagne, tout en lui achetant toujours autant de Mercedes et de BMW, et qui, dans le même temps, surcompense en vendant beaucoup plus de produits Gucci ou Versace à la riche bourgeoisie chinoise... Pour le Sud, les excédents extra-zone font désormais plus que compenser les déficits intra-zone. En somme, la zone euro se mondialise plutôt que de s'européaniser. À proprement parler, la zone euro se désintègre économiquement, même si c'est à bas bruit.

L'Allemagne et la crise européenne

Il y a un large consensus sur le fait que la gestion de la crise de l'euro est essentiellement dominée par l'Allemagne. Bien sûr, elle a le soutien de quelques autres, les Pays-Bas, la Finlande, l'Autriche, et l'agrément, au moins tacite, de certains secteurs des classes dominantes dans le reste de l'UE. Mais la capacité de

1. Bruno Ducoudré, Xavier Timbeau et Sébastien Villemot « Des ajustements d'ampleur à attendre pour la zone euro », OFCE, Le Blog, 20 juin 2018.

Berlin à imposer sa position a non seulement été soutenue par ses quelques alliés et le potentiel économique du pays[1], mais, longtemps avant la crise, par les règles et les dispositifs institutionnels du système monétaire de l'euro, en premier lieu par la BCE.

Comme on sait, la BCE est conçue sur le modèle de la Deutsche Bundesbank. C'était le compromis que F. Mitterrand avait dû accepter pour pouvoir convaincre l'Allemagne d'abandonner son bien-aimé Deutsche Mark. F. Mitterrand avait succombé à l'erreur que l'Allemagne réunifiée pouvait être contenue par une monnaie supranationale.

Étant donné que la BCE n'est pas la banque centrale d'un seul pays, mais de 19 – économiquement très hétéroclites de surcroît –, elle génère des effets qui vont même au-delà de ceux de la Bundesbank. Ainsi, les États membres n'ont pas seulement abandonné leur souveraineté sur le taux de change, le taux d'intérêt et la politique monétaire – des instruments macroéconomiques fondamentaux –, mais ils sont en plus exposés à des pressions supplémentaires. Par exemple, par suite de cette perte de souveraineté, tout se passe comme si les dettes publiques nationales en euro étaient libellées en monnaie étrangère. L'explosion des dettes publiques après le sauvetage des banques en 2008 constitue donc un problème plus grave que sous conditions de souveraineté monétaire. Les dettes sont devenues un levier pour «discipliner» les pays membres et leur imposer la politique d'austérité avec toutes les conséquences économiques, sociales et politiques connues.

Ce système monétaire est unique dans le monde et produit une vulnérabilité particulière en cas de crise. C'est comme si

1. Le PIB allemand en 2017 représentait 21,5 % du PIB total de l'UE. Celui de la France 14,9 %.

vous enleviez à un pompier le tuyau d'eau, le casque et la combinaison de protection, lui attachiez un bidon d'essence sur le dos et l'envoyiez combattre le feu. Sachant que la construction de ce système monétaire, faite selon la «culture de stabilité» allemande, fonctionne comme le système d'exploitation d'un ordinateur qui détermine les autres programmes de la machine.

D'où vient l'attitude allemande?

L'attitude allemande est souvent expliquée par des arguments simplistes tels que le «manque de convictions pro-européennes» chez Merkel, le blocage idéologique dans l'ordolibéralisme, le traumatisme présumé de l'hyperinflation d'il y a un siècle, ou encore le retour des spectres de l'histoire. Mais les choses ne sont pas si simples que ça. Pour éviter tout malentendu il ne s'agit pas ici de défendre la politique allemande. Le problème central est plutôt que la position allemande n'est pas un problème idéologique mais qu'elle est profondément enracinée dans les structures du système économique allemand.

Les pierres angulaires de ce système sont:

- un secteur industriel qui fait 27 % de la création de valeur ajoutée. En France ce n'est que 14 %[1];
- ce secteur consiste non seulement en grandes multinationales du genre Volkswagen, BASF etc., mais également en entreprises moyennes du légendaire *Mittelstand*, hautement

1. Valeur ajoutée brute (sans le secteur du bâtiment) 2017. Eurostat: http://appsso.eurostat.ec.europa.eu/nui/submitViewTableAction.do. Ces chiffres doivent cependant être maniés avec prudence, car des activités comptabilisées dans le secteur des services en France le sont dans l'industrie en Allemagne.

spécialisées, qui jouent aux premiers rangs des marchés mondiaux;

- étant donné un marché intérieur trop petit pour absorber la production industrielle, l'économie allemande est condamnée à l'exportation;

- la Bundesbank a toujours soutenu cette orientation en tenant stable le cours d'échange du Deutsche Mark. La monnaie forte servait en même temps comme «fouet de productivité», c'est-à-dire comme incitation pour l'innovation;

- finalement, le partenariat entre capital et travail, hérité du capitalisme rhénan, et les réformes néolibérales du type «Hartz IV» sous la coalition SPD/Verts ont été utilisés pour la «modération salariale» et contribuent ainsi à la compétitivité allemande et l'excédent commercial permanent.

Ce modèle est considéré comme la base de la prospérité de l'Allemagne et ses dirigeants le défendent donc avec dents et griffes. La majorité des Allemands sont même fiers d'être «champions du monde en exportations.»

Limites structurelles pour l'intégration de la zone euro

Ce système n'est pas sans alternative. Mais un changement de cap ne serait possible que par un long processus d'adaptation structurelle et, pour certains, douloureux. Les dirigeants peuvent donc compter sur un large consensus dans la société pour le maintien du statu quo. À l'exception du parti de gauche Die Linke, tous les partis tiennent à ce modèle. Même les syndicats des industries d'exportation - métallos et chimie - appartiennent de facto à cette grande coalition.

C'est là la raison de fond pour laquelle la France n'a jamais obtenu des concessions même modestes de Berlin à ce sujet. La faillite de Macron avec ses propositions pour la zone euro en est le dernier exemple. C'est pourquoi «le couple franco-allemand[1]» ne fonctionne plus. Le modèle d'accumulation français est trop différent, et les tentatives pour l'adapter à celui d'outre-Rhin ne peuvent fonctionner non plus.

Étant donné le poids des deux pays à la tête de la hiérarchie dans l'UE, les contradictions structurelles dues à deux économies hétéroclites coincées dans la camisole de force d'une monnaie unique resteront le principal obstacle pour la résolution de la crise. Pas de lumière en vue à la fin du tunnel !

Et maintenant ?

Avec le retour prochain à la normale du marché monétaire, les tensions réelles, un temps masquées par la politique monétaire « non conventionnelle », vont revenir en plein jour. Anesthésiées par le *quantitative easing* de la BCE, elles n'ont pas pour autant été traitées. À l'horizon, les nuages s'accumulent donc. D'un côté, en effet, les motifs de sortie de la zone euro s'amplifieront, alors même que, de l'autre, cette sortie est aléatoire !

Devant cette aporie mortifère, et sauf à se résigner à devoir subir une explosion qui serait assurément économiquement et socialement désastreuse, ne reste alors qu'une solution : désobéir aux traités. Avec d'autres, si possible ; seuls, si nécessaire.

1. Dans les débats allemands, on n'utilise d'ailleurs pas cette expression un peu kitsch. On parle plutôt d'« axe germano-français » ou de « coopération germano-française ».

CHAPITRE 3

Le naufrage de la solidarité européenne

Si c'est l'extrême centre néolibéral qui continue de présider aux destinées de l'Europe, les forces nationalistes, ultra-autoritaires et xénophobes sont indéniablement à l'offensive et en ascension. D'ores et déjà au pouvoir – seules ou en alliance – en Autriche, en Hongrie, en Pologne et en Italie, ces forces progressent presque partout ailleurs, dans des pays où leur enkystement dans le champ politique est déjà ancien (comme en France) mais aussi dans d'autres où, jusqu'au début des années 2010, l'extrême droite indépendante et organisée n'était pas parvenue à conquérir une audience électorale de masse (la Suède, l'Allemagne et tout récemment l'Espagne, du moins l'Andalousie). [1]

Une dynamique néofasciste en Europe

Le piège semble ainsi se refermer: à l'alternance sans alternative entre une droite décidée à en finir avec les

1. Voir Ugo Palheta, *La possibilité du fascisme*, La Découverte, 2018.

conquêtes sociales du XXe siècle et une social-démocratie convertie au néolibéralisme, est en passe de se substituer le désastre du non-choix entre le néolibéralisme autoritaire et le néofascisme (sous des formes diverses). C'est d'ailleurs en promouvant un tel scénario, et en prétendant incarner le « progressisme » face aux « populismes », qu'Emmanuel Macron tente depuis des mois de limiter la casse électorale à venir. Comment expliquer cette montée des extrêmes droites européennes qui, sans être synchrone et sans s'incarner dans des forces politiquement homogènes, signale néanmoins une tendance européenne (et même mondiale, si l'on intègre les cas de l'Inde, d'Israël, du Brésil ou encore des États-Unis) ?

Notre temps est marqué par une crise politique très profonde qui ne se résume pas à une crise de représentation ; elle ne pourra être résolue par les classes dominantes par la simple émergence de nouveaux dirigeants plus jeunes, moins compromis, etc. ; c'est du moins ce que nous apprend l'expérience macroniste. Ce qui détermine les bouleversements politiques en cours dans de nombreux pays, c'est une crise prolongée d'hégémonie, autrement dit une crise de la capacité des classes dominantes à obtenir le consentement actif des populations à leur ordre social, une difficulté croissante à construire politiquement leur domination. Une telle crise se manifeste notamment à travers la défiance radicale, qui gagne des franges de plus en plus larges des populations, vis-à-vis des gouvernements mais plus profondément de l'ensemble des partis et des institutions politiques, jugés non seulement incapables d'améliorer les conditions de vie des populations mais responsables de la dégradation de ces conditions.

Cette crise d'hégémonie découle en premier lieu de la grande transformation néolibérale. En détériorant continûment la situation matérielle des classes populaires et en insécurisant des pans croissants des couches sociales dites « moyennes » (aussi bien les petits indépendants que les salariés intermédiaires), les gouvernements de droite et de centre gauche ont fini par briser le « compromis social » bâti après-guerre autour d'institutions assurant un certain progrès social (protection sociale, services publics, etc.), et sur lequel reposait l'hégémonie bourgeoise. Ce pacte, produit d'une période très particulière marquée notamment par la puissance des mouvements ouvriers, a été progressivement rompu à partir des années 1980 en vue de rétablir les taux de profit. Cela n'a pas manqué d'avoir des effets en termes d'inégalités, puisque les classes possédantes ont vu leurs niveaux de revenus et de patrimoine progresser beaucoup plus vite que ceux du reste de la population, et en particulier des classes populaires salariées (ouvriers et employés), dont les revenus ont baissé dans la dernière période.

L'autre conséquence, moins souvent perçue, c'est la crise des médiations politiques et idéologiques qui assurait la stabilité de la domination capitaliste : non seulement se sont érodés l'ancrage et l'audience des partis (autrefois) de masse qui constituaient un relais entre l'État et la population, mais les grandes idéologies qui contribuaient à la politisation ordinaire – socialisme réformiste, catholicisme social, communisme – sont également en état de décomposition avancée. Cette rupture des affiliations politiques et idéologiques a ouvert partout un espace pour l'antipolitique néofasciste, qui se nourrit du dégoût de la politique et l'amplifie plutôt qu'elle ne propose véritablement une politique alternative, et pour cause : les néofascistes n'ont pas d'autre projet que de perpétuer – par des moyens ultra-autoritaires et en intensifiant toutes les oppressions (racisme, sexisme, etc.) – l'ordre social ; cela les distingue d'ailleurs du fascisme classique qui faisait valoir un idéal de rénovation sociale, appelait de ses vœux l'émergence d'un « homme nouveau » et tentait de se constituer en véritable religion politique.

Le paradoxe, c'est donc que le capitalisme semble plus puissant que jamais, parce que débarrassé d'un adversaire à sa mesure depuis le déclin du mouvement communiste international, mais n'en est pas moins fragile politiquement. Cela tient pour l'essentiel au double effet des contre-réformes néolibérales, renforçant partout le pouvoir patronal tout en effritant les conditions sociales, économiques et politiques permettant à l'ordre capitaliste d'apparaître légitime aux yeux des classes populaires. Cela n'équivaut nullement à une voie royale pour les forces d'émancipation, en particulier parce que, dans le même temps, la montée des concurrences sur le marché du travail (directement liées au chômage de masse et à la précarisation généralisée), a eu pour effet d'affaiblir les solidarités collectives, rendant ainsi difficile l'émergence d'une alternative au néolibéralisme et, plus profondément, à l'ordre capitaliste. Il est clair néanmoins que l'instabilité politique est à présent structurelle et ouvre des brèches dans cet ordre, pour le meilleur comme pour le pire.

Le développement d'organisations d'extrême droite disposant à présent d'une audience électorale de masse et disponibles pour exercer le pouvoir politique, n'est donc qu'une dimension de la dynamique néofasciste; celle-ci renvoie à un ensemble de transformations économiques, sociales, politiques et idéologiques qui l'englobent et l'expliquent au moins en partie. Face aux contradictions créées par les cures d'austérité, et notamment aux résistances populaires, on voit se développer deux types de réactions du côté des gouvernements néolibéraux: le durcissement autoritaire (répression policière et judiciaire accrue des mouvements sociaux, criminalisation croissante de la pauvreté, contournement du vote des populations, etc.); la montée de discours et de politiques xénophobes (anti-migrants) et racistes (notamment islamophobes). Prétendant répondre aux aspirations de l'électorat et empêcher que celui-ci se tourne vers les extrêmes droites, ces réactions contribuent au contraire fortement à la dynamique néofasciste en légitimant et diffusant leurs positions.

Une extrême droite hétérogène

Ces extrêmes droites européennes ont-elles un projet commun? En apparence non, car, sur bien des points, en particulier les questions économiques et sociales, leurs programmes divergent: certaines forces défendent des politiques brutalement néolibérales; d'autres, comme le Front national devenu Rassemblement national, se sont converties à une orientation mollement keynésienne – augmentation des bas salaires et des petites retraites, renationalisations dans certains secteurs, etc. – qui se combine néanmoins avec des positionnements néolibéraux (anti-syndicalisme, lutte contre l'« assistanat», etc.). Ces divergences sont pourtant secondaires, car, aujourd'hui comme dans l'entre-deux-guerres, ces courants se caractérisent par un opportunisme total sur ces questions : fondamentalement favorables aux intérêts du grand patronat quand ils exercent le pouvoir politique, ils alternent entre des positions inconciliables lorsqu'ils sont dans l'opposition et n'ont aucun scrupule, pour obtenir l'oreille des classes populaires, à jouer d'un anticapitalisme de façade, inoffensif (car ne remettant jamais en question l'exploitation patronale) et partiel (car réduit généralement à une critique, teintée d'antisémitisme, de la finance mondialisée).

Cet opportunisme ne découle pas d'une absence d'idéologie mais du fait que le cœur du projet politique des extrêmes droites est ailleurs, en l'occurrence dans un nationalisme d'un genre particulier. Ce qui unifie ces courants ce n'est pas un ensemble de politiques économiques, mais la visée d'une régénération nationale qui ne peut s'opérer que par une double opération de purification ethno-raciale et de purge politique, autrement dit en débarrassant la « Nation » de ses « ennemis » (pour l'essentiel les minorités ethno-raciales, qui menaceraient l'intégrité du corps national en contestant son identité) et des « traîtres » (les militants de gauche et les élites « mondialistes » qui prendraient parti pour les premiers). S'il en est ainsi, c'est que le mythe national fasciste (ou néofasciste) repose sur un fantasme d'homogénéité ethno-raciale et d'unanimisme politique : l'unité de la « Nation » doit être conquise, nécessairement par des moyens ultra-autoritaires, en brisant tout ce qui la diviserait.

La xénophobie et le racisme ne sont donc pas devenus périphériques pour les mouvements d'extrême droite en Europe : ils leur sont plus que jamais consubstantiels, notamment sous la forme de l'hostilité aux migrants et de l'islamophobie. Si leurs scores électoraux ont gonflé ces dernières années, c'est que, dans un contexte de précarisation et de paupérisation des populations, ils sont parvenus à instrumentaliser de manière habile – généralement avec l'aide des partis et des gouvernements néolibéraux, qui ont banalisé leurs obsessions en les reprenant en partie à leur compte – les peurs associées à l'afflux de migrants (mesuré et très inégal selon les pays d'Europe) et aux attentats terroristes. Ils ont également profité du fait que l'Union européenne apparaît de plus en plus aux populations pour ce qu'elle est – une cage d'acier néolibérale et un instrument de mise en concurrence des salariés mais aussi des systèmes fiscaux et sociaux – pour avancer l'idée que la « Nation » constituerait la seule protection viable contre la mondialisation néolibérale, la destruction des droits sociaux et la dégradation des conditions d'existence.

Dans la mesure où ce succès des extrêmes droites repose largement sur leur capacité à bâtir un « nous » national-racial (blanc-européen-chrétien) contre un « eux » qui rassemblerait les « mondialistes » (d'en haut et d'en bas, élites financières d'un côté et migrants de l'autre), le défi contemporain pour les gauches européennes consiste à construire un bloc antagoniste, ayant son centre de gravité dans les classes populaires et les groupes opprimés, en portant conjointement une critique du néolibéralisme autoritaire et xénophobe, une stratégie crédible de conquête du pouvoir politique et un projet de transformation sociale. L'ambition ne peut être moindre, sous peine de nous condamner pour longtemps à l'alternative, non seulement fausse mais catastrophique, entre le poison néolibéral et le cancer fasciste – jusqu'au moment où le premier finira par engendrer le second.

Politique migratoire : « laissez-les mourir, cela les dissuadera ! »

C'est au sommet de Séville, en juin 2002, que les États membres de l'UE ont décidé d'accorder « une priorité absolue » à la lutte contre l'immigration clandestine. De fait, la très grande majorité des textes adoptés et des mesures prises par l'Union concerne la lutte contre l'immigration illégale. Quant à la politique d'asile, elle est elle-même influencée par l'obsession du contrôle des frontières, comme les crises de 2015 et 2018 en ont encore fait la démonstration tragique. Si l'un des objectifs fondamentaux de l'Union européenne – rappelé par le Traité de Lisbonne signé en 2007 – est d'offrir aux citoyens un espace de liberté, de sécurité et de justice sans frontières intérieures, conformément à la logique qui a prévalu dès la mise en place de l'espace Schengen, l'UE en tire la conséquence que ses frontières externes doivent être encore mieux surveillées. Les migrants, toutes catégories confondues, sont considérés comme la source de risques majeurs, ce qui justifie la radicalité des mesures dissuasives ou répressives prises à leur encontre.

En empêchant les migrants d'utiliser les modes de déplacement normaux, on les livre aux passeurs et aux trafiquants. C'est le résultat d'une politique restrictive de délivrance des visas, accompagnée de sanctions contre les transporteurs qui convoient jusqu'en Europe des étrangers dépourvus des documents exigés. On fait ainsi fait courir aux migrants le risque de croupir dans des camps pendant une durée indéfinie et, finalement, d'être renvoyés vers des pays où leur vie et leur intégrité physique sont menacées. C'est le résultat des accords de réadmission qui ont été négociés avec des États tiers, pays de transit guère soucieux du respect des droits de l'homme et du droit d'asile. En érigeant sur leur chemin toujours plus de murs et de barbelés, on les contraint à trouver des voies de contournement dangereuses, aux conséquences potentiellement mortelles.

L'enfermement des étrangers est devenu un élément constitutif des politiques migratoires. Tous les pays européens ont adopté des lois qui permettent de priver de liberté les étrangers pendant une période indéfinie, théoriquement limitée à dix-huit mois en vertu de la directive « retour » de 2008 – ce qui n'empêche pas d'observer des cas de détention non prévus par les textes. Quant aux fameux *hotspots* créés aux frontières de l'Europe, notamment dans les îles grecques, ce sont de véritables prisons à ciel ouvert, puisque leurs occupants, qui y sont parqués dans des conditions effroyables, sont dans l'impossibilité de rejoindre le continent.

Les risques d'enfermement et de mauvais traitement sont amplifiés par l'« externalisation » de la politique européenne d'immigration et d'asile: confier à des pays tiers la tâche de contribuer à la « maîtrise » des flux migratoires en retenant chez eux les migrants, débouche sur la création, à l'extérieur des frontières de l'Union européenne, de centres fermés où règnent l'arbitraire et la violence – la Libye en étant l'exemple extrême, mais non unique.

Le droit d'asile se réduit comme peau de chagrin. En verrouillant l'accès des migrants à leur territoire, les pays européens interdisent du même coup à ceux et celles qui ont besoin d'une protection internationale de trouver une terre d'accueil, en violation de la convention de Genève sur les réfugiés qu'ils ont tous ratifiée. Pour ceux qui réussissent néanmoins à accéder aux portes de l'Europe, la systématisation de notions comme celles d'« asile interne », de « pays de premier asile », de « pays tiers sûr », de « pays d'origine sûr » constituent autant d'obstacles à la reconnaissance du statut de réfugié, au motif que le demandeur aurait pu demander l'asile ailleurs, ou que les risques qu'il invoque sont *a priori* suspectés de n'être pas réels.

En clair : la politique de fermeture des frontières entraîne inéluctablement la violation d'une série de droits qui sont bel et bien garantis par des règles internationales contraignantes et dont la liberté de circulation est la condition d'exercice : le droit de chercher asile pour échapper à la persécution, la liberté individuelle qui implique le droit de ne pas être arbitrairement détenu, ou encore ces deux droits considérés comme « indérogeables » : le droit de ne pas être soumis à des traitements inhumains ou dégradants et le droit à la vie. Est également oubliée au passage l'obligation de porter secours en mer, pourtant consacrée par les textes internationaux : non seulement les États européens et leurs agents s'abstiennent de porter assistance aux personnes en détresse, mais ils sont déterminés à empêcher par tous les moyens les navires humanitaires de remplir cette mission, préférant laisser place libre aux gardes-côtes libyens. Nul ne conteste plus désormais les conséquences meurtrières de la politique européenne (selon le Haut Commissariat des Nations unies pour les réfugiés, 2262 personnes – chiffre évidemment très sous-évalué – auraient trouvé la mort en Méditerranée en 2018, et au moins le double dans le désert, avant d'atteindre les côtes).

Rappelons enfin qu'est aujourd'hui établie et officiellement reconnue l'existence d'actes inhumains – meurtre, réduction en esclavage, privation grave de liberté, torture, viol, esclavage sexuel, disparitions forcées... – imputables à des autorités ou des mafias libyennes, qui constituent sans doute possible des crimes contre l'humanité. En fournissant une aide substantielle à ces organisations criminelles et en leur confiant explicitement la tâche d'intercepter les migrants qui cherchent à atteindre l'Europe par la mer, l'Union et ses États membres se rendent, à l'évidence, complices de ces crimes.

Face à ce bilan macabre, qui ne cesse de s'alourdir, on comprend que François Crépeau, rapporteur spécial des Nation unies pour les droits des migrants, ait pu, déjà en 2014, caractériser l'attitude des pays européens par ce mot d'ordre cynique : « *Let them die, this is a good deterrence* » : « Laissez-les mourir, cela les dissuadera ! ».

Italie, affrontement en trompe-l'œil

L'affrontement entre le gouvernement italien dominé par l'extrême droite xénophobe et la Commission européenne a fait long feu. Cet affrontement ne portait pas sur le fait que ce gouvernement est ouvertement raciste et fait la chasse aux migrants. Non, ce qui gêne la Commission européenne, c'est le fait qu'un gouvernement élu puisse remettre en cause certains engagements du gouvernement précédent, celui de «centre gauche» de Matteo Renzi.

Le budget présenté prévoyait ainsi un déficit courant de 2,4 % du PIB en 2019 au lieu du 0,8 % prévu auparavant. Le budget du gouvernement italien est un mélange de mesures néolibérales – une amnistie fiscale et une *flat tax* à la place de l'impôt progressif pour plaire à la clientèle électorale de la Ligue, artisans et petits entrepreneurs – et de mesures sociales imposées par le Mouvement cinq étoiles: relance modérée de l'investissement public, revenu minimum (l'équivalent de notre RSA) de 780 euros pour 6,5 millions de personnes (ce qui en pratique revient à un doublement des prestations sociales actuelles), abaissement de l'âge de départ à la retraite. Comme ce déficit prévu respecte le Pacte de stabilité qui fixe la limite du déficit courant à 3 % du PIB, la Commission a centré son argumentation sur deux éléments.

Le premier argument porte sur l'ampleur de la dette publique italienne (131,2 % du PIB), qui est la plus élevée de la zone euro après celle de la Grèce. Cette dette, qui était à peu près stable depuis 2000, a augmenté comme partout sous l'effet de la crise financière à laquelle s'est ajouté le fait que le pays a été soumis pendant des années à une cure d'austérité drastique qui a entraîné une stagnation économique quasi continue : ainsi, en euros constants, le PIB par habitant du pays est en 2016 inférieur de 1,5 % à son niveau de 1999, alors même qu'il a progressé de 12,5 % en France et de 23,8 % en Allemagne. Certes, la charge de la dette n'est pas négligeable (3,8 % du PIB). Cependant l'Italie n'est pas la Grèce, qui, compte tenu des taux d'intérêt demandés, n'a pas pu emprunter sur les marchés et qui doit non seulement payer les intérêts, mais doit aussi rembourser le principal. Ce n'est pas le cas de l'Italie qui peut «faire rouler sa dette»:

lorsqu'un titre de la dette publique arrive à échéance, l'État emprunte de nouveau pour le rembourser. De plus, le budget italien est depuis de nombreuses années en excédent primaire (hors paiement des intérêts de la dette). Le déficit de 2,4 % est donc tout à fait soutenable... si les taux d'intérêt ne s'envolent pas (voir plus loin). Le pari du budget italien – le surplus d'activité économique produit par les mesures budgétaires aboutirait, *in fine*, à une réduction de la dette – se défend tout à fait. L'alternative qui consiste à aggraver encore les politiques d'austérité pour réduire la dette a fait par contre la preuve de son inanité. Le second argument porte sur l'accroissement du déficit structurel, alors que le gouvernement précédent s'était engagé à le baisser (sur l'inanité de la notion de déficit structurel, voir chapitre 1).

La Commission européenne avait donc décidé de retoquer le budget de l'Italie avec le soutien de tous les gouvernements de la zone euro. Ainsi, même les pays où la droite extrême ou l'extrême droite est présente n'ont pas soutenu l'Italie, preuve s'il en est que le néolibéralisme est plus fort que la solidarité idéologique. La Commission envisageait aussi d'engager une procédure pour déficit excessif à l'encontre de l'Italie. Allait-on vers un affrontement majeur comme avec le gouvernement Syriza (voir encart pages 75 et suiv.). La dramatisation arrangeait les deux protagonistes. D'un côté, la Commission ne pouvait pas, sans perdre toute crédibilité, laisser un gouvernement revenir sur des engagements pris, surtout si ce revirement prend une forme volontairement spectaculaire et provocatrice. De l'autre, la mise en scène de cette dramaturgie permettait au gouvernement italien de se poser à peu de frais en défenseur de la souveraineté populaire face à l'UE.

Mais ni les institutions européennes, ni les autres gouvernements européens n'avaient intérêt à déclencher une crise, qui, après le Brexit, aurait eu des conséquences incalculables sur l'avenir de l'UE. Il en était de même pour le gouvernement italien soumis à la pression des marchés financiers et n'ayant pas la moindre intention de s'en dégager. Ainsi, à l'annonce du budget italien, le taux sur les titres publics à dix ans a dépassé les 3,5 %. On est certes loin de la crise de 2012 où le taux italien avait grimpé jusqu'à 6 %, mais la menace est réelle. Un compromis a été trouvé fin décembre 2018. Le gouvernement italien a accepté de ramener sa prévision de déficit budgétaire de 2,4 % à 2,04 % en reportant dans le temps l'application des mesures sociales et en les revoyant fortement à la baisse. Ainsi, par exemple, le revenu minimum ne concernera plus que 1,7 million de foyers et, dans la logique néolibérale du *workfare*, sera soumis à des conditions drastiques de mise au travail et le plan d'investissements publics passe de 9 milliards d'euros à 3,6 milliards. La Commission européenne a renoncé à engager une procédure pour déficit excessif. Cela lui était d'autant plus facile que les mesures sociales prévues ne remettent pas fondamentalement en cause les transformations néolibérales que l'Italie a connues ces dernières années. Elle pouvait d'autant moins le faire qu'elle aurait alors dû engager le même processus pour la France, dont le déficit pour 2019 va dépasser les 3 % du PIB, ce que d'ailleurs le commissaire européen allemand Günther Oettinger (CDU) a demandé dans une interview.

CHAPITRE 4

Quelles résistances à l'Europe néolibérale ?

Ces trois dernières années, la scène politique de la plupart des pays de l'UE a été dominée par l'émergence ou la montée en puissance des partis d'extrême droite (*cf.* chapitre 3) et la gauche et les mouvements sociaux semblent avoir disparu. S'il est indéniable que ceux-ci ont connu une perte d'influence, cela n'est pas dû à leur affaiblissement, mais plutôt à une série de transformations profondes qui affectent tant les partis de gauche que les mouvements sociaux.

L'embellie des années 1990

Les années 1990 avaient vu, après la chute de l'Union soviétique et celle des régimes qui lui étaient liés, l'émergence de nouveaux mouvements sociaux, en particulier en Europe. La Confédération paysanne en France, qui allait participer à la création de la Via Campesina, le premier mouvement paysan international. Des mouvements de lutte contre le chômage, la précarité et la pauvreté vont se développer dans différents pays européens, comme le DAL ou AC! en France. De nouveaux syndicats, comme SUD, la FSU ou les Cobas, sont apparus en France et en Italie. Ces mouvements et syndicats avaient pu se coordonner et construire des initiatives et mobilisations européennes, comme les marches européennes contre le chômage, qui rallièrent Amsterdam en mai 1997 pour exiger un changement d'orientation de l'UE. Au même moment, la Confédération européenne des syndicats (CES) a pu organiser, pour la première fois, des mobilisations à l'échelle européenne. Ce changement d'échelle des actions militantes renvoie bien sûr à l'affirmation de l'Europe néolibérale (*cf.* chapitre 1) et à la nécessité de s'y opposer. L'émergence du mouvement altermondialiste après les mobilisations contre l'OMC à Seattle, en décembre 1999, et la création du Forum social mondial à Porto Alegre en janvier 2001, ont renforcé les alliances des mouvements sociaux européens, avec la mise en place dès octobre 2002 d'un Forum social européen (FSE) qui a facilité les mobilisations européennes contre la guerre en Irak, début 2003, mais aussi sur les questions sociales, en 2005, contre la directive Bolkestein sur les services.

Du côté des partis politiques de gauche, la décennie 1990 a été marquée par deux évolutions majeures. La première a été l'évolution sociale-libérale des formations sociales-démocrates, socialistes et travaillistes, à l'image de Tony Blair et Gerhard Schröder, qui ont conduit des réformes sociales néolibérales dans leurs pays. Une évolution qui a ouvert un espace politique et électoral à des partis de gauche plus radicaux. Après Izquierda Unida en Espagne, créée en 1986, et l'Alliance Rouge et Verte du Danemark en 1989, en 1991, c'est Refondation communiste en Italie, regroupant les courants qui refusaient la social-démocratisation du PCI et des formations d'extrême gauche. Plus tard, en 1999, s'est créé le Bloco de Esquerda au Portugal, puis ce fut le tour de Syriza en Grèce en 2004, et, en 2007, de Die Linke en Allemagne, par la fusion entre le parti de l'ancien dirigeant social-démocrate Oscar Lafontaine, les héritiers du parti communiste d'Allemagne de l'Est et différents groupes d'extrême gauche, et enfin, en 2008, du Front de gauche français [1].

Face à l'austérité

Face aux politiques d'austérité drastiques qui ont suivi (*cf.* chapitres 1 et 2), les cadres d'alliances qu'avaient construits les mouvements sociaux, les Forum sociaux européens, mais aussi les structures plus institutionnelles comme la CES, n'ont pas pu ou su réagir. Différentes raisons expliquent cette incapacité. Tout d'abord l'ampleur du défi que représentait la remise en cause des politiques mises en œuvre après la pire crise financière depuis celle de 1929, mais aussi les contradictions et divisions entre mouvements sociaux et surtout syndicats sur des questions comme la mutualisation des dettes publiques, la réduction de l'excédent commercial allemand ou l'aide massive à apporter aux pays les plus affectés par la crise. La disparition du Forum social européen en 2010 marque

1. Voir Christophe Aguiton, *La gauche au 21e siècle*, La Découverte, 2017.

la fin d'une époque et l'échec d'une tentative de construction d'un mouvement social à l'échelle européenne [1].

Des mobilisations populaires ont émergé de façon inattendue en 2011 avec les Indignés et les Occupy. Les Indignés espagnols ont occupé la Puerta del Sol à Madrid en mai 2011 en référence aux Printemps arabes, mais les racines de leur mobilisation sont directement liées à la crise de 2007-2008 et, dans le cas espagnol, des politiques d'austérité qui s'en sont suivies avec l'explosion du chômage et les expulsions de logements. À Londres, comme à New York, les Occupy ont quant à eux ciblé directement Wall Street et la City et ont popularisé l'idée que les dernières décennies avaient profité à 1 % de la population au détriment des 99 % autres. L'autre élément important est la mutation dans les formes d'engagement et de mobilisation que les Indignés et Occupy ont opérée. Ces mobilisations se sont inscrites dans la lignée du mouvement altermondialiste et de la nouvelle culture politique que celui-ci avait popularisée. Une culture de l'horizontalité, du refus des hiérarchies et du fonctionnement par consensus.

Mais là où l'altermondialisme s'était construit sur des mouvements sociaux et des organisations, ONG, etc., les mobilisations de 2011 ont rassemblé des individus qui pouvaient être, par ailleurs, membres d'une organisation mais qui ne représentaient qu'eux-mêmes sur les places occupées. Cette mutation dans les formes d'engagement s'est trouvée confortée dans les luttes et mouvements qui se sont succédé en Europe, comme dans le reste du

1. Sur les causes de cet échec, voir Pierre Khalfa, « À la recherche du mouvement social européen », revue *Savoir/agir*, n° 23, avril 2013.

monde, à partir de 2011. En France cela s'est retrouvé lors de Nuit debout, au printemps 2016, et plus récemment dans les mobilisations sur le climat tout comme avec les «gilets jaunes» de l'automne 2018. Dans tous les cas il s'agit d'une méfiance vis-à-vis de tous types d'appareils, partis politiques mais aussi syndicats et, à moindre niveau, d'associations et d'ONG, et d'une aspiration à la gestion directe des mobilisations facilitée par l'usage des réseaux sociaux et outils numériques.

L'impact sur la scène politique de ces mobilisations et des thématiques qu'elles ont portées a été considérable, mais très diversifié. Le premier parti issu de ces mouvements à connaître un succès rapide fut Syriza, en Grèce. C'est ensuite Podemos en Espagne, un mouvement totalement nouveau qui s'est inspiré des idées et du fonctionnement des Indignés, né en janvier 2014 et qui a connu une croissance extrêmement rapide. Tout aussi étonnante a été la victoire de Jeremy Corbyn à la tête du Parti travailliste britannique en septembre 2015. L'élection de l'un des leaders de la gauche traditionnelle du Labour fut rendue possible par les adhésions massives de jeunes marqués par le mouvement Occupy. Ceux-ci se sont organisés dans un mouvement, Momentum, qui revendique aujourd'hui plus de 20 000 adhérents et 170 000 sympathisants et qui entend poursuivre la dynamique engagée par la victoire de Jeremy Corbyn. Dernier-né de cette nouvelle génération de mouvements politiques, La France insoumise, qui a obtenu avec Jean-Luc Mélenchon près de 20 % des voix lors de l'élection présidentielle française de 2017.

Un exemple de résistance : les villes rebelles et refuges

La relation des mouvements sociaux aux institutions politiques est une question qui s'enrichit aujourd'hui de nouvelles expériences au niveau municipal et dont le cas espagnol est l'un des plus intéressants. Les différentes appellations utilisées en traduisent parfaitement le caractère, qu'il s'agisse des « villes rebelles », des « *fearless cities* » (villes sans peur) ou même des villes-refuges ou sanctuaires (*sanctuary cities*), qui vont directement à l'encontre de l'Europe forteresse.

Ce qu'on appelle le municipalisme débute [1] en Espagne en 2015 avec les élections municipales et la conquête des mairies dites « du changement » : Barcelone, Madrid, Cadix, Valence, Saragosse… La victoire est toutefois relative puisque, dans la plupart des cas, les majorités obtenues ne sont pas absolues [2].

De quelques ingrédients nécessaires à la recette municipaliste

L'expérience municipaliste ne doit cependant en rien être considérée comme une spécificité espagnole, car des luttes similaires se sont développées en Grèce notamment, depuis 2008 et encore davantage depuis 2010, et ont mené à des expériences autogestionnaires notamment à l'échelle des quartiers.

1. Ou recommence… Les municipalités du changement se revendiquent en effet de la pratique du municipalisme qui avait été développée par les villes espagnoles au moment de la transition démocratique et de la fin du franquisme.

2. La liste citoyenne Barcelona en Comú, bien que majoritaire, n'a en réalité obtenu que 11 sièges sur 41.

Cette réappropriation collective de l'espace urbain est également au cœur des mobilisations espagnoles. Elles ont pris de l'ampleur en 2011 avec le mouvement des Indignés en Espagne (15-M). L'autre force principale des mouvements sociaux espagnols de la période récente est la « plateforme des victimes du crédit hypothécaire » (*Plataforma de Afectados por la Hipoteca* – PAH), créée en 2009 et qui est parvenue à politiser fortement la question des expulsions qui ont suivi l'effondrement du marché immobilier et les défauts de paiement des prêts immobiliers contractés par des millions de ménages[1]. Ces différentes mobilisations ont finalement trouvé une traduction électorale par la création en 2014 d'un parti-mouvement, *Podemos*, qui accède à un certain nombre d'exécutifs municipaux en 2015 grâce à des alliances électorales.

Les problématiques prises en charge à l'échelle municipale

Malgré les limites évidentes à leurs prérogatives, les municipalités sont en capacité de prendre à bras-le-corps un certain nombre d'enjeux. L'un d'entre eux, et non des moindres, est l'enjeu démocratique. Depuis 2015, quelques villes espagnoles sont ainsi allées plus loin que les expériences de budget participatif d'envergures limitées par les montants alloués et par la nature des projets financés. Madrid, par exemple, a mis en place un portail, Decide Madrid, sur lequel les citoyens peuvent déposer des propositions, soumises à référendum si elles reçoivent un nombre suffisant de signatures. Certaines réfléchissent également à la manière d'impliquer les citoyens dans la

1. Ada Colau, maire de Barcelone, est la fondatrice de l'association.

gestion des services publics, car la remunicipalisation n'est pas nécessairement gage de contrôle démocratique.

Il ne faut pas sous-estimer la pertinence de l'échelon municipal. Certes, tous les leviers de pouvoir ne sont pas disponibles à ce niveau, mais les effets du capitalisme néolibéral n'épargnent pas l'espace urbain. Les inégalités se traduisent dans l'espace, par exemple au travers des dynamiques de gentrification, et un certain nombre de remèdes sont bien dans les mains des villes. *De facto*, les villes se doivent de prendre en charge des problématiques aussi diverses que le logement, la mobilité, l'approvisionnement en eau ou en énergie, la lutte contre l'exclusion et la fourniture de services de proximité. En Espagne, les programmes défendus, puis mis en œuvre par les listes du changement, avaient pour thématique centrale celle de l'urgence sociale (arrêt des expulsions, des coupures d'eau et d'électricité, accès aux denrées alimentaires de base, etc.).

L'intérêt du municipalisme est qu'il s'inscrit parfaitement dans un mouvement européen auquel prennent part un certain nombre de municipalités qui refusent la négation à grande échelle des droits fondamentaux que constituent les politiques migratoires, européennes et nationales. Des réseaux de villes sont déjà constitués autour des *sanctuary cities*[1] ou des villes-refuges[2]. Tandis que les flux migratoires demeurent la prérogative des

1. Les villes sanctuaires, nées dans les années 1980 aux États-Unis, refusent de livrer les étrangers en situation irrégulière aux autorités nationales et assument leur présence sur leur territoire.

2. Ce réseau s'est constitué à la suite d'un appel des maires de Barcelone, Paris, Lesbos et Lampedusa en septembre 2015.

gouvernements nationaux, ce sont les villes qui au quotidien doivent faire face aux conséquences de l'arrivée de réfugiés dont les conditions de séjour et de vie sont rendues très difficiles – pour ne pas dire intolérables. Si l'on peut parler de bien commun ici aussi, c'est que les villes-refuges ou sanctuaires n'existeraient certainement pas sans la coopération et le soutien des communautés locales qui intègrent pleinement les réfugiés à la cité.

En juin 2017, une réunion internationale de municipalités alternatives s'est tenue à Barcelone sous le nom de Fearless Cities [1]. Les municipalités désobéissantes, si elles apparaissent dans toute l'UE, vont de manière croissante avoir besoin de partager des outils et des ressources qui leur permettront de constituer un front commun

Les défis restant encore à relever

Parce qu'il implique les mouvements sociaux, le municipalisme n'est pas sans soulever des questions en matière de relations entre partis politiques, instances municipales et associations du mouvement social. Le passage d'une culture de la contestation, qui se pratique en partie dans la rue et dans l'opposition, à l'exercice du pouvoir ne va pas de soi. D'une part, l'accès aux postes électifs par les anciens cadres des mouvements sociaux peut être vu comme une sorte d'aspiration qui affaiblit les associations dont ils et elles sont issus. D'autre part, l'exercice de responsabilités associatives ou syndicales n'équivaut pas nécessairement à la gestion institutionnelle d'une municipalité et le manque d'expérience peut mener à des faux

1. http://fearlesscities.com/.

pas. Les relations entre mouvements sociaux et municipalités se révèlent complexes, puisque l'attitude à adopter vis-à-vis d'un pouvoir « ami » se situe sur une ligne de crête. Les mobilisations sociales ne cessent pas d'être nécessaires après l'accès au pouvoir d'une liste alliée, mais il ne faut pas non plus tomber dans l'opposition systématique, au risque d'affaiblir une majorité souvent fragile.

Dans la mise en œuvre de leurs programmes, les municipalités du changement se confrontent d'autre part aux contraintes instaurées par le gouvernement national et aux réticences des administrations municipales, dont la culture professionnelle est parfois heurtée par les velléités activistes des nouvelles équipes. En matière budgétaire, les dépenses des municipalités sont, en France, limitées depuis 2011 et la modification de l'article 35 de la Constitution qui donne la priorité au paiement des intérêts de la dette en cas d'excédent.

Vers un municipalisme français et européen ?

Avec l'échéance des nouvelles élections municipales, l'année 2019 sera une année test pour le municipalisme espagnol. Quels que soient les résultats, un bilan peut d'ores et déjà être dressé. Les ingrédients qui ont mené à la constitution des listes alternatives et citoyennes en Espagne en 2015 semblent aussi d'ailleurs réunis en France pour les élections municipales de 2020 [1].

1. Pour en savoir plus sur le municipalisme : Theodoros Karyotis, « Le droit à la ville en période d'austérité », *Les Possibles*, n° 15, hiver 2017 ; Daniel Rallet & Huayra Llanque, « Focus sur les "villes rebelles" », *Les Possibles*, n° 17, été 2018 ; dossier « Une alternative ? *Podemos*, mouvements sociaux et renouveau politique en Espagne », *Mouvements*,

Et maintenant ?

Il est clair aujourd'hui que les mouvements sociaux sont toujours présents et actifs, les manifestations sur le climat et surtout les « Gilets jaunes » en sont les exemples vivants, en France tout du moins. Les nouvelles formations politiques de gauche le sont également et montrent, tout comme les mouvements sociaux, une réelle capacité d'adaptation, en particulier grâce aux outils numériques. Mais plusieurs questions restent en suspens, ce qui explique pourquoi la gauche et les mouvements sociaux n'ont pas l'influence qu'ils devraient avoir. La première de ces questions est la capacité à s'organiser au niveau du continent, au moins à celui de l'UE. La CES, seule structure réellement intégrée aux processus institutionnels de l'UE, a de fait une très faible capacité d'action, pensant pouvoir devenir l'interlocutrice privilégiée de la Commission et du patronat européen et ayant perdu l'essentiel de sa vision et stratégie communes au fur et à mesure de son élargissement à toutes les familles syndicales présentes en Europe. Les mouvements sociaux moins institutionnels, qui avaient montré leur capacité à s'unir dans les forums sociaux, sont aujourd'hui dispersés pays par pays, même s'ils gardent des liens informels qui leur permettent de se retrouver rapidement sur telle ou telle action ou thématique. L'Alter Summit – un espace réunissant des syndicats et mouvements sociaux, citoyens, féministes, écologistes –, qui cherche à prolonger l'action du Forum

2018/2, n° 94 ; Filippo Furri, « Villes-refuges, villes rebelles et néo-municipalisme », *Plein Droit,* 2017/4, n° 115, p. 3-6 ; Gaëlle Krikorian, « La solidarité comme "commun" », *Plein Droit,* 2017/4, n° 115, p. 23-26.

social européen, n'est pas porteur d'une dynamique suffisante.

Au niveau politique, l'UE cherche à «européaniser» les partis nationaux en leur donnant des moyens substantiels s'ils se regroupent en partis européens présentant, ensemble, des listes lors des élections européennes. La plupart des partis à la gauche de la social-démocratie ont ainsi créé le PGE, Parti de la gauche européenne en 2004, mais sans être capable d'en faire une formation politique réellement fonctionnelle. Plus récemment, en avril 2018, La France insoumise, Podemos et le Bloco portugais ont adopté une charte commune à Lisbonne, «Maintenant le Peuple», et ils ont été rejoints en juin par trois partis nordiques.

Pour pouvoir peser au niveau européen, les mouvements sociaux et les formations politiques de gauche devront également surmonter de nouveaux défis, l'un des plus importants étant la transformation des formes d'engagement et de mobilisation. Durant tout le XXe siècle, les mouvements sociaux et les formations politiques de gauche en Europe s'étaient développés sous la forme de partis, syndicats et mouvements de masse, avec une forte stabilité dans l'engagement de leurs membres et des directions élues ou désignées par des moyens jugés légitimes. Rien de tout cela aujourd'hui, où les formations politiques voient leurs soutiens affluer au moment des élections et s'évaporer tout aussi vite, et où la très forte activité sociale que l'on peut constater par la multiplication des manifestations ou occupations ne permet pas aux syndicats et aux associations de se renforcer nettement.

Les raisons de ces mutations majeures sont connues: la précarisation de l'emploi et la transformation du travail lui-même, le rôle des réseaux sociaux et des outils numériques qui permettent la circulation immédiate de l'information et des moyens de coordination pour l'action, l'accès massif à l'enseignement supérieur qui a ouvert à des générations entières l'accès à plus de connaissances et d'informations... Des mutations qui obligent les mouvements sociaux à s'adapter à une réalité dans laquelle le rôle des individus s'est considérablement accru et où toute forme de leadership est vue avec suspicion. Des difficultés bien plus importantes affectent les formations politiques pour lesquelles les exigences de la représentation – ne serait-ce que pour les candidats aux élections – imposent l'existence de porte-paroles dont la légitimité ne peut plus découler de la simple désignation par des formations politiques aux effectifs réduits, le cas français étant le plus caricatural, à cause du poids déterminant de l'élection présidentielle.

Ces difficultés se combinent avec des questions d'orientation politique qui divisent encore mouvements, syndicats et formations politiques. Au-delà même de la question du rapport à l'UE qui continue de diviser la gauche et les mouvements sociaux, l'immigration est ainsi apparue récemment dans les débats, alors que cette question était plutôt consensuelle à gauche. Elle est apparue en Allemagne lorsque Sahra Wagenknecht, cheffe du groupe parlementaire de Die Linke et présidente du mouvement politique Aufstehen (Debout), créé en septembre 2018, a déclaré que la priorité devait être donnée à la question sociale et que les milliards dépensés pour l'aide aux réfugiés « auraient pu aider beaucoup de nécessiteux en Allemagne ». Il est pourtant essentiel que les mouvements sociaux et formations de gauche présentent un front uni face aux politiques agressivement anti-migrants des gouvernements italiens et hongrois, pour ne citer qu'eux, et aux politiques de l'UE qui visent à renforcer encore « l'Europe-forteresse » (*cf.* chapitre 3).

Un autre débat, plus classique au sein des mouvements sociaux et formations de gauche, porte sur le modèle de développement, le productivisme et les questions environnementales. Alors que la question climatique, la perte de la biodiversité et la multiplication des sources de pollution imposent une rupture immédiate avec le productivisme, plusieurs syndicats et forces politiques de gauche continuent à défendre des modèles de développement dépassés et dangereux, sur la question nucléaire en France ou sur l'usage du charbon en Allemagne. Si l'urgence des questions environnementales devrait s'imposer à tous, ces questions permettent également de poser un débat fondamental pour les mouvements sociaux et formations politiques de gauche, celui du modèle de société, de la vision d'ensemble à opposer au capitalisme néolibéral. Le projet de société que portait le mouvement ouvrier du XXe siècle est aujourd'hui épuisé, mais la perte de toute vision d'ensemble à opposer au capitalisme est aussi une faiblesse qui participe de la baisse d'influence des mouvements sociaux et des formations politiques de gauche. Remettre en cause le productivisme et penser un autre modèle de développement sont des étapes importantes pour la reconstruction des alternatives nécessaires face au capitalisme néolibéral !

Climat et écologie : claironner une ambition ne fait pas une politique ambitieuse

«Une Union résiliente sur le plan de l'énergie, dotée d'une politique visionnaire en matière de changement climatique» était la troisième des dix priorités que la Commission s'était donnée en 2014[1]. Cinq années plus tard, le bilan chiffré est loin d'être à la hauteur. Après trois années de relative stagnation, les émissions de gaz à effet de serre (GES) de l'UE semblent reparties à la hausse en 2017[2]. Les émissions de CO_2 provenant de la combustion de combustibles fossiles ont en effet augmenté en moyenne de 1,8 %, dont 3,2 % en France[3]. La mandature 2014-2019 de la Commission et du Parlement européens restera celle où la tendance à la baisse des émissions de GES de l'UE s'est brutalement arrêtée, après près de 20 ans de baisse plus ou moins régulière.

Malgré plusieurs «réformes», le dispositif phare de l'UE pour réduire ses émissions de GES, le marché carbone, reste défaillant. Les émissions des sites industriels ont ainsi légèrement augmenté en 2017, pour la première fois depuis plus de 10 ans[4].

1. « 10 priorités de la Commission européenne pour 2014-19 », Commission européenne, https://ec.europa.eu/commission/priorities_fr

2. « Greenhouse gas emissions », European Environment Agency, 29 novembre 2018, https://www.eea.europa.eu/airs/2018/resource effi ciency-and-low-carbon-economy/greenhouse-gas-emission.

3. Selon les estimations, les émissions de CO_2 dans l'UE ont augmenté en 2017 par rapport à 2016, Eurostat, 4 mai 2018, https://ec.europa.eu/eurostat/documents/2995521/8869805/8-04052018-BP-FR.pdf/bc1dd77f-8a91-4e42-bbca-79055e55608f.

4. EU Emissions Trading System (ETS) data viewer, European Environment Agency, https://www.eea.europa.eu/data-and-maps/dashboards/emissions-trading-viewer-1.

Une hausse de plus de 5 % est à noter pour les seuls sites industriels français. Si une partie des quotas délivrés par les autorités est désormais vendue aux enchères, le prix reste peu élevé et de nombreux secteurs sont toujours largement subventionnés: environ 200 milliards d'euros de quotas gratuits et de subventions seront distribués d'ici à 2030 [1]. Alors que le principe du pollueur-payeur est souvent mis en avant, c'est toujours celui de «pollueur-payé» qui prédomine dans le cadre du marché carbone européen.

Des objectifs insuffisants

L'objectif que l'UE s'est fixé pour 2020, à savoir une réduction de 20 % des émissions de GES par rapport aux niveaux de 1990, devrait néanmoins être atteint. En effet, si l'empreinte carbone du mode de vie moyen d'un Européen n'a cessé d'augmenter sur la période, l'importation accrue de biens et services produits à l'extérieur des frontières européennes a permis de réduire les émissions domestiques de GES. Cet objectif de 20 % est par ailleurs très modeste: il est très largement insuffisant au regard de la gravité de la crise climatique.

Insuffisamment ambitieux est également le terme adéquat pour qualifier l'objectif que l'UE s'est assigné pour 2030, à savoir 40 % de réduction des émissions de GES par rapport à 1990. Un tel objectif ne se situe pas sur la bonne trajectoire pour rester en deçà de 1,5°C ou même 2°C comme le fixe l'article 2 de l'Accord de Paris, ce qui nécessiterait une réduction de 80 à 95 % des émissions de GES en Europe d'ici à 2050. C'est un peu

1. Réforme du marché carbone: 200 milliards d'euros supplémentaires pour les pollueurs, https://france.attac.org/actus-et-medias/salle-de-presse/article/reforme-du-marche-carbone-200-milliards-d-euros-supplementaires-pour-les.

comme si l'UE et ses États membres repoussaient à plus tard ce qu'il faudrait faire aujourd'hui, rendant les objectifs de long terme impossibles à tenir. La Commission reconnaît d'ailleurs que la trajectoire actuelle permettra, au mieux, et si de gros efforts sont faits en fin de période, de réduire les émissions de GES de 60 % d'ici à 2050.

L'UE institutionnalise donc la procrastination. Lors du sommet sur le futur de l'Europe prévu le 9 mai 2019 à Sibiu (Roumanie), les États membres seront amenés à se mettre d'accord sur une «stratégie de long-terme» et choisir l'un des huit scénarios pour 2050 proposés par la Commission. Deux de ces scénarios sont relativement ambitieux – réduction par 2 de la consommation d'énergie et 80 % d'énergies renouvelables d'ici à 2050 – mais aucun ne prévoit de donner plus d'ambition aux objectifs fixés pour 2030 ni de mettre en œuvre de nouvelles politiques climatiques pour les atteindre.

Une politique contraire à l'impératif climatique

La Commission fait comme si les politiques actuelles étaient suffisantes. Comme si les 520 à 575 milliards d'euros d'investissements supplémentaires et nécessaires pour la transition énergétique par an allaient tomber du ciel. Comme si les transformations des secteurs les plus énergivores allaient s'opérer grâce à un marché carbone européen structurellement défaillant. Comme si l'agriculture européenne ne devait pas être profondément transformée à l'aune des défis climatiques et écologiques.

Par exemple, est-il approprié et cohérent que le budget européen continue de financer des infrastructures liées aux énergies fossiles? Dans sa proposition de budget pour la période 2021-2027, la Commission refuse d'y mettre fin. Le Parlement européen, lors d'un vote en décembre 2018, en pleine COP24, avait également l'occasion d'exclure de tels financements: libéraux, conservateurs et socialistes ont voté pour les maintenir [1]. Les institutions européennes sont ainsi «enlisées dans le gaz» alors qu'il faudrait financer la transition et réduire la consommation de gaz en Europe [2].

On ne peut que s'alarmer du hiatus grandissant entre la réalité du réchauffement climatique d'un côté, qui ne cesse de s'aggraver et, de l'autre, la poursuite par l'UE de politiques néolibérales et productivistes qui ne peuvent résoudre des crises qu'elles approfondissent. La Commission européenne et ses États-membres ne continuent-ils pas à préconiser d'accroître le commerce international, en ouvrant de nouvelles négociations et en signant de nouveaux accords, pourtant reconnus comme néfastes pour le climat?

L'adoption du paquet-climat-énergie européen aurait dû marquer le mandat 2014-2019 de la Commission et du Parlement européens d'une pierre blanche, celle d'un moment historique en matière de lutte contre les dérèglements climatiques. En raison de son manque d'ambition, du refus de s'attaquer aux soubassements énergétiques d'une économie insoutenable et de nombreuses hésitations coupables (comme sur les normes d'émission des véhicules), il traduit surtout les échecs d'une

1. «EU hitches itself to climate-incompatible gas subsidies until 2027», Friends of the Earth Europe, 12 décembre 2018, http://www.foeeurope.org/EU-hitches-itself-climate-incompatible-gas-subsidies-until-2027-121218.

2. «L'UE enlisée dans le gaz: les lobbies derrière la politique européenne de développement des infrastructures gazières», Attac France et alli, 31 octobre 2017, https://france.attac.org/nos-publications/notes-et-rapports/article/l-ue-enlisee-dans-le-gaz-les-lobbies-derrie%CC%80re-la-politique-europeenne-de.

écologie de marché où, *in fine*, les intérêts économiques et financiers priment toujours sur l'urgence climatique et l'urgence d'une transition juste et ambitieuse [1].

Plus généralement, en matière de transition écologique, il a pu arriver que l'UE soit plus ambitieuse que les gouvernements nationaux. Mais un tiers de son budget est consacré à une Politique agricole commune (PAC) qui ne soutient pas, loin de là, la nécessaire transformation des façons de produire, en faveur de la biodiversité, de la qualité des eaux et des sols et contre le réchauffement climatique. Et surtout, dès lors que des intérêts essentiels des multinationales sont en jeu, l'UE a tendance à reculer. C'est ainsi qu'elle multiplie des accords commerciaux désastreux sur le plan environnemental.

Sur le plan des normes sanitaires et environnementales, le bilan est là encore extrêmement discutable. Ainsi, une majorité de pays a finalement renouvelé en 2017 l'autorisation d'utiliser pour 5 ans supplémentaires le glyphosate, herbicide contenu notamment dans le Round Up, produit phare de Monsanto, alors même qu'il est dénoncé par les plus hautes autorités internationales, dont le Centre international de recherche sur le cancer, qui le juge «probablement cancérogène». Autre exemple, les néonicotinoïdes, utilisés comme pesticides: l'usage d'une partie d'entre eux a été interdit dans l'Union européenne à partir de la fin de 2018... mais une autre partie reste autorisée. Or, ils sont réputés très toxiques pour les abeilles nécessaires à la pollinisation et l'ensemble des invertébrés, ils sont jugés également par de nombreux scientifiques porteurs de risques de cancers, d'autisme, de malformations cardiaques... Pourquoi

1. Maxime Combes, Du pollueur écouté au pollueur régulé, *Politis.fr*, décembre 2018, https://www.politis.fr/articles/2018/12/du-pollueur-ecoute-au-pollueur-regule-39702/

est-ce pourtant essentiel de fixer à une échelle européenne de telles interdictions de produits ravageurs pour la santé et l'environnement ? Parce que les échanges commerciaux sont très importants dans la zone de libre-échange européenne et que même si un pays (ou quelques-uns) interdit ces produits, des importations et donc des consommations de ces mêmes produits pourront très bien continuer.

CHAPITRE 5

Désobéir aux traités européens pour reconstruire l'Europe

Nous l'avons montré, l'UE, avec en son cœur la zone euro, est aujourd'hui un carcan. La création de l'euro a été, compte tenu de ses modalités, une catastrophe pour les peuples européens et pour l'idée même d'Europe. Le dumping social et fiscal règne en maître, l'UE est incapable de répondre aux enjeux écologiques et les traités européens successifs ont vidé de tout contenu l'idée même de démocratie. De plus, par définition, la monnaie unique rend impossible tout ajustement du taux de change, mais aucun mécanisme de transfert n'a été prévu : budget limité, interdiction faite à la BCE de financer les déficits des États membres, etc. À partir de ce constat, deux positions sont logiquement possibles : la sortie ou la refondation.

La sortie, remède illusoire

Reprendre sa pleine souveraineté démocratique, retrouver des marges de manœuvre en reconstituant la monnaie nationale et en sortant du carcan de l'euro et des règles budgétaires des traités : la sortie de l'Union est, à première vue, parée de bien des attraits. Ce sont pourtant très largement des illusions.

D'abord, parce que la sortie des institutions européennes n'est ni sans périls, ni sans complications. L'exemple du Royaume-Uni, qui n'est pas dans la zone euro, montre bien que la sortie de l'UE est dans tous les cas d'une complexité inouïe à mettre en œuvre, tant les différentes économies sont imbriquées entre elles. Reconstituer des frontières terrestres, maritimes et aériennes, alors que vous êtes dans l'Union depuis plus d'un demi-siècle[1] et que les pays de l'Union sont vos principaux fournisseurs et clients pose des problèmes économiques, juridiques et matériels considérables. Cela, le Brexit l'illustre éloquemment. Tout autre pays que le Royaume-Uni s'y heurtera aussi. Tout cela pour un bénéfice plus qu'incertain. Comme le résume fort bien l'Office français des conjonctures économiques (OFCE), « sortir de l'UE est pénible et coûteux. L'UE est une cage, plus ou moins dorée, dont il est difficile, sinon impossible, de sortir[2] ».

Brexit, le peuple contre le peuple?

Plus de deux ans après le référendum, la question du Brexit continue de saturer les débats politiques et médiatiques. Le positionnement vis-à-vis du Brexit (*Remain* vs *Leave*) est devenu

1. L'entrée du Royaume-Uni dans l'Union date du 1er janvier 1973.
2. Catherine Mathieu, Henri Sterdyniak, « Brexit: l'accord du 25 novembre », OFCE, Le Blog, 30 novembre 2018.

un clivage de référence dominant dans la vie politique nationale, davantage que celui de l'affiliation à un parti politique [1]. Le résultat du vote, 51,9 % pour le *Leave* contre 48,1 % pour le *Remain*, masque de profondes fractures géographiques – au total, seules l'Irlande du Nord, Londres et l'Écosse ont majoritairement opté pour le maintien – mais surtout sociales. Il s'agit d'un vote populaire, mais marqué par la xénophobie, notamment vis-à-vis des travailleurs venant de l'UE, et dominé par un néoconservatisme de droite.

Un Brexit populaire et néoconservateur

Le référendum s'est essentiellement joué sur le vote populaire qui (du moins en Angleterre et au pays de Galles) a clairement basculé dans le camp du Brexit. Cet électorat ouvrier est essentiellement concentré dans les zones urbaines du centre et du nord de l'Angleterre. La question de l'immigration, référence-épouvantail pendant la campagne, a joué un rôle prépondérant sur l'ensemble du vote *Leave*. En se montrant réceptif au discours anti-immigrés, le vote populaire a en partie effectué un transfert de la question sociale vers la question nationale, voire raciale. Ce transfert marque avant tout l'échec de la gauche britannique (Parti travailliste et au-delà) à imposer une thématique sociale au cœur de la campagne. Le L(eft)exit est resté introuvable [2].

1. John Curtice, « The Emotional Legacy of Brexit: How Britain Has Become a Country of 'Remainers' and 'Leavers' », EU Briefing Papers, n° 15, 18 octobre 2018, https://whatukthinks.org/eu/wp-content/uploads/2018/10/WUKT-EU-Briefing-Paper,n°15-Oct-18-Emotional-legacy-paper-final.pdf.

2. Philippe Marlière, « Un Brexit xénophobe, un Lexit introuvable », *Regards*, 17 juin 2016, http://www.regards.fr/des-verites-desagreables-par-philippe-marliere/article/brexit-xenophobe-lexit-introuvable.

Si c'est le vote populaire qui a fait la différence, la campagne référendaire a été menée et remportée en 2016 sur une ligne politique néoconservatrice qui lui a donné son sens politique, alliant des idées nationalistes et chauvines (redonner au Royaume-Uni son lustre passé de «grande puissance») et le souci de quitter une Union européenne (UE) «dirigiste», «bureaucratique» et de type «soviétique». Ce vote réactionnaire qui prônait davantage de laisser-faire économique, a accompagné le vote des catégories populaires, qui votent traditionnellement pour le Parti travailliste.

La nostalgie d'un Royaume-Uni impérial

Le Brexit est un mouvement révolutionnaire, dans le sens où ses promoteurs – des néoconservateurs – recherchent à travers la sortie de l'UE une rupture avec ce qui subsiste encore de l'État social mis en place par les travaillistes après la Seconde Guerre mondiale. Ce sont les figures mêmes de l'*Establishment* qui ont mené la campagne du Brexit (Boris Johnson, Jacob Rees-Mogg, Nigel Farage, qui est un ex-trader).

Mais le Brexit ne peut être compris simplement sous l'angle d'une offensive néo-thatchérienne forcenée. Il s'agit aussi d'un projet nativiste et chauvin. C'est le rêve d'un retour à l'Angleterre impériale qui, autrefois, était la plus grande puissance au monde. Pour atteindre cet objectif, il fallait sortir, coûte que coûte, d'une «Europe franco-allemande» dirigée par une Allemagne «revancharde». Aux yeux des néoconservateurs, l'Allemagne n'a jamais été dénazifiée et la France, assujettie, collabore avec le «Reich». Pour ces néoconservateurs purs et durs, la mise en place du marché unique a constitué la séquelle d'une Seconde Guerre mondiale toujours présente dans les esprits.

L'intenable position de Jeremy Corbyn

Après une campagne pro-Remain plus que tiède, Jeremy Corbyn a imposé à grand-peine la position officielle du parti: rejet de l'accord de retrait présenté par Theresa May, renégociation de meilleures conditions de sortie avec l'UE et, éventuellement, nouveau référendum. Le problème de cette position, jugée peu crédible, est qu'elle est entièrement dépendante d'une série de facteurs externes.

Curieusement, le nouvel accord que souhaite Corbyn impliquerait une participation permanente à l'union douanière et au marché unique, qui sont des zones de libre-échange et de politiques néolibérales! La stratégie est d'autant plus incompréhensible qu'un maintien de fait dans le marché unique s'accompagnerait d'une perte totale des droits de décision dans le domaine des échanges commerciaux. En d'autres termes, un gouvernement socialiste britannique accepterait de participer à une zone de libre-échange sans avoir la moindre chance d'en réviser les règles de fonctionnement, puisque le Royaume-Uni n'est plus membre de l'UE!

Introuvable Lexit

La gauche britannique - celle qui compte et qui influe dans les débats nationaux - a tranché: de Momentum (le courant de l'aile gauche du Parti travailliste) à John McDonnell (le numéro deux du *shadow cabinet* et possible futur ministre des Finances), tous estiment que le Brexit est un grave danger auquel il faut s'opposer radicalement. McDonnell, un vieux camarade de route de Corbyn (l'éminence grise du *shadow cabinet*, pro-européen et plus radicalement à gauche que Corbyn en général) a évoqué à diverses reprises l'hypothèse d'un nouveau référendum pour trancher une fois pour toutes la question[1]. Seul Corbyn fait la sourde oreille. Des commentateurs de la gauche radicale qui soutiennent Corbyn ont clairement pris position contre le Brexit et demandent au Parti travailliste de s'y opposer fermement[2].

Il est donc surprenant qu'une direction de Parti travailliste qui a renoué avec les idéaux de justice sociale de la meilleure tradition travailliste puisse s'entêter dans une telle impasse politique: ni pro-Brexit en théorie, mais ni anti-Brexit dans la pratique, la ligne corbyniste est illisible. Comment, après huit années d'austérité d'une grande brutalité, Jeremy Corbyn peut-il envisager sans réagir le passage en force d'un Brexit dur qui va accentuer davantage la pauvreté et les inégalités? Ce Brexit néoconservateur est une attaque de la classe capitaliste la plus antisociale qui soit[3].

L'épisode du Brexit offre l'occasion de rouvrir le débat - mal engagé - dans la gauche radicale européenne sur la stratégie à opposer à l'UE néolibérale. Certes, «l'internationalisme n'est pas toujours de gauche ou progressiste. À l'inverse, les classes dominantes ne sont pas encroûtées à jamais dans cette forme politique qu'est l'État-nation[4]». Mais la situation britannique

1. Paul Mason, «How Labour can use Brexit to fatally divide the right», *New Statesman*, 30 novembre 2018,

2. Paul Mason, «Brexit is a failed project. Labour must oppose it», *The Guardian*, 11 décembre 2018, https://www.theguardian.com/commentisfree/2018/dec/11/brexit-labour-second-referendum-vote-remain-paul-mason.

3. John Harris, «Brexit is a class betrayal. So why is Labour colluding in it?», *The Guardian*, 19 novembre 2018, https://www.theguardian.com/commentisfree/2018/nov/19/brexit-class-labour-conservative-leave-peoples-vote.

4. Cédric Durand, Razmig Keucheyan, Stathis Kouvélakis, «La vraie nature de l'internationalisme», *Libération*, 23 avril 2014, https://www.liberation.fr/france/2014/04/23/la-vraie-nature-de-l-internationalisme_1003162.

montre que le repli national n'est pas non plus la panacée pour mettre en œuvre des politiques de redistribution des richesses. Dans un environnement où le démantèlement de l'État social et des normes de protection environnementales s'en trouveront renforcés et où le sentiment xénophobe et anti-immigrants est légitimé, il sera plus difficile à un gouvernement travailliste d'appliquer son programme. L'internationalisme de la gauche radicale n'est pas une question esthétique ou culturelle: c'est une nécessité politique, à tous les niveaux. L'échelon européen ne peut être évité.

Plaider pour une sortie de la France, c'est y rajouter une sortie de l'euro. On peut certes faire valoir un argument majeur : la sortie de l'euro c'est, avec le retour à une monnaie nationale, retrouver la possibilité de la dévaluation et l'espoir d'échapper à la « dévaluation interne » (*cf.* chapitre 2), requise par la monnaie unique, pour rétablir la compétitivité de l'économie. Or cette proposition, qui paraît évidente, peut être contestée. Elle repose sur deux hypothèses qui nous paraissent erronées. La première consiste à croire que les déficits commerciaux sont essentiellement le résultat de prix excessifs à l'exportation ; la seconde consiste à confondre compétitivité-prix et compétitivité tout court. De ce point de vue, on retrouve en fait la même analyse que celle de la Commission européenne. En effet, alors que les néolibéraux préconisent une « dévaluation interne », autrement dit un ajustement passant par l'austérité salariale et la diminution des dépenses publiques, pour ses partisans, la sortie de l'euro permettrait une dévaluation « externe », avec ajustement par le taux de change et par lui seulement ; ce faisant, ils oublient commodément que, comme on va le voir, ces politiques s'accompagnent toujours d'effets négatifs sur le pouvoir d'achat. Ainsi, grâce à la dévaluation, les produits français deviendraient-ils plus compétitifs à l'exportation. Cette analyse repose dans le cas de la France sur l'idée que le problème central de l'économie relève de la compétitivité-prix. Les produits français seraient trop chers, de là viendraient tous les problèmes. Outre que cette analyse est très exactement celle du Medef, qui prône une baisse du coût salarial pour y répondre, elle contredit tous les rapports sur la compétitivité française qui indiquent, au contraire, que le problème réside largement dans la compétitivité hors prix[1]. C'est dans le manque criant d'innovation du fait de l'insuffisance de la recherche et développement, dans l'inadéquation de l'offre française à la demande internationale, et dans un tissu industriel désarticulé dominé par des grands groupes pressurant leurs sous-traitants qu'il faut chercher la cause majeure du manque de compétitivité de la France[2]. Dans une telle situation, la dévaluation pourrait être un palliatif provisoire ; mais elle ne constitue pas une mesure adéquate et suffisante.

Ce « Frexit » serait d'autant moins une solution que la sortie éventuelle de la France signerait la fin de l'euro, étant donné le poids économique et politique de la France, deuxième économie de la zone euro ; ce serait

1. Voir par exemple le très officiel rapport de Louis Gallois, *Pacte pour la compétitivité de l'industrie française*, La Documentation Française, novembre 2012.

2. Sur ce point, *cf.* par exemple : *En finir avec la compétitivité*, Attac/Fondation Copernic, Syllepse, 2012.

ainsi déclencher un processus difficilement maîtrisable. Sans vouloir ici faire de scénario de politique-fiction, de ce chaos probable émergent deux certitudes : de nouvelles attaques des marchés financiers contre les pays du « Sud », l'Italie – troisième économie de la zone – au premier chef ; la tentative de l'Allemagne de reconstituer avec ses alliés du « Nord » une monnaie commune autour du mark. Pas sûr, c'est un euphémisme, que la France ait à y gagner.

L'OFCE a tenté de mesurer les gains à attendre d'une « sortie unilatérale de la France de la zone euro et [de] l'éclatement de la zone euro qui s'en suivrait [1] ». Il indique qu'« un Frexit ne conduirait pas à de forts gains de compétitivité. [...] Il apparaît que la parité d'équilibre pour le nouveau franc correspondrait à une dévaluation effective réelle de 3,6 % par rapport au niveau actuel de l'euro. Il s'agit d'une variation réelle, c'est-à-dire une fois corrigée des effets de l'inflation, et effective, c'est-à-dire qui tient compte des variations de change par rapport aux différents partenaires commerciaux. » La sortie de l'euro aurait des effets contradictoires et donc incertains, puisque la nouvelle monnaie nationale pourrait certes être dévaluée par rapport à la monnaie allemande, mais pourrait s'apprécier par rapport à la monnaie espagnole. Il s'agit d'ailleurs d'un scénario optimiste, puisque la note évacue « le scénario d'une guerre des monnaies où chaque pays tenterait de gagner en compétitivité par des dévaluations ». Les projections de l'OFCE prévoient dans le scénario le plus favorable un effet sur le PIB proche de zéro la première année

1. Christophe Blot *et alii*, « Sortir de l'euro », 27 avril 2017, OFCE, Le Blog.

et de 0,4 % au bout de trois ans. On le voit, les effets bénéfiques à escompter d'un retour à la monnaie nationale sont aléatoires et, dans le meilleur des cas, médiocres.

Mais surtout une stratégie de dévaluation compétitive, qui vise à gagner des parts de marché contre les autres pays, engendrera une spirale de politiques économiques non coopératives. Loin d'induire plus de solidarité entre les peuples, une telle stratégie risquerait de se traduire par encore plus de concurrence, de dumping social et fiscal, avec pour conséquence une aggravation des tensions xénophobes et nationalistes dans une situation où, partout en Europe, l'extrême droite a le vent en poupe. Ainsi, outre des effets économiques incertains, la sortie de l'euro, pourrait entraîner une crise politique dangereuse.

En définitive, une dévaluation monétaire nous protègerait-elle du recours à une dévaluation interne? Historiquement, les dévaluations «réussies» en matière de compétitivité se sont toujours accompagnées de politiques d'austérité salariale pour combattre les effets de l'inflation liée à la hausse des prix des imports (dans une monnaie nationale dévaluée). Qui, en France, a oublié le triste précédent des trois dévaluations «Delors»[1], accompagnées du blocage des prix et des salaires ainsi que d'une augmentation de nombreuses taxes, ce qui a marqué l'ouverture de la «parenthèse de la rigueur»? C'est donc non sans quelques raisons que le banquier d'affaires Philippe Villin, partisan de la sortie de l'euro, l'avoue en indiquant que, suite à la dévaluation de la monnaie, «nous serions sauvés, à condition

1. 4 octobre 1981, 11 juin 1982 et 25 mars 1983.

aussi d'entreprendre les réformes structurelles qui s'imposent[1]». Dans la novlangue des économistes libéraux, l'expression «réformes structurelles» signifie baisse du coût du travail, coupes dans les dépenses publiques et remise en cause de la protection sociale. Comme tous les pays sont aujourd'hui lancés dans une course à la compétitivité, les mesures d'austérité sont les mêmes partout. Ce serait *a fortiori* le cas avec un Frexit et l'éclatement probable dans ce cas de figure de la zone euro, avec le retour à des stratégies purement nationales. Dans une Europe économiquement intégrée où les fournisseurs des uns sont les clients des autres, une telle orientation est porteuse d'une logique récessive qui aggrave encore les difficultés des entreprises; la désintégration monétaire risque de rajouter une spirale de dumping, chacun renchérissant alors sur les autres pour préserver son avantage compétitif.

Les bénéfices d'une dévaluation doivent, en outre, être rapportés aux effets inflationnistes qui découlent de l'augmentation du prix des importations qu'elle engendre. Défenseur de la sortie de l'euro, Jean-Marc Daniel, économiste expert à l'Institut de l'entreprise, est bien obligé d'admettre que «l'inflation grignoterait nos avantages compétitifs et la facture pétrolière exploserait[2]». Pour que la sortie de l'euro ne débouche pas sur «des processus d'inflation forte et auto-entretenue», l'économiste Jacques Sapir, autre partisan de la sortie de l'euro, prévoit «un blocage temporaire (3 mois) des prix et des salaires, et la

1. *Marianne*, n° 876, 31 janvier 2014.
2. *Ibid.*

constitution d'une "conférence nationale sur les rémunérations" avec le gouvernement, les syndicats et le patronat pour négocier les conditions de sortie du blocage[1] ». Un tel blocage porte un nom: austérité salariale. Et elle n'aurait aucune raison de cesser au bout de trois mois, parce que le cycle inflation-dévaluation serait durablement enclenché, bien au-delà d'un blocage « temporaire ». Jacques Sapir le reconnaît lui-même: « On ne saurait éviter une inflation structurelle importante (de l'ordre de 4 % à 6 %) [qui] imposera des dévaluations régulières (tous les ans ou tous les 18 mois) ».

De plus, il faut y insister, ce cycle dévaluation-inflation-dévaluation serait constamment entretenu par la spéculation contre la monnaie. Sortir de l'euro, ce serait donner aux marchés financiers un puissant moyen de pression, contre lequel un contrôle des capitaux ne suffirait pas tant que les pays concernés auraient encore, comme c'est le cas de la France, un déficit commercial (qui implique forcément une entrée de capitaux). D'un point de vue stratégique, livrer cette arme aux adversaires de toute expérience de transformation sociale serait une erreur majeure.

Dans le cas de la Grèce, asphyxiée par les institutions européennes et dans un état tel que le pays semblait n'avoir rien à perdre à sortir de l'euro, Frédéric Lordon, qui en est partisan, avait noté que « il faut avoir l'honnêteté de reconnaître qu'entre difficultés logistiques de la réinstallation de la drachme, imperfections de la mise en place des contrôles de capitaux, super-dévaluation de fait, immédiateté de

1. Jacques Sapir, « S'il faut sortir de l'euro », document de travail, 6 avril 2011, www.medelu.org/S-il-faut-sortir-de-l-euro.

l'inflation importée, temps de réponse des exportations, etc., un processus de sortie-défaut commencera par une phase passablement chaotique, dont la stabilisation, puis la matérialisation des bénéfices, demanderont au moins douze et plus probablement dix-huit mois[1] ». On le voit, même dans ce cas limite, la sortie serait tout sauf une voie royale.

Reste, enfin, un débat : quelles seraient les conséquences d'une dévaluation sur l'encours de la dette ? Jusqu'à il y a quelque temps, tout le monde, y compris les partisans de la sortie de l'euro, admettait que l'encours de la dette serait augmenté en proportion de la dévaluation de la monnaie (puisqu'il faudrait la rembourser avec une monnaie dévalorisée face aux autres monnaies). Ainsi, Jacques Sapir affirmait à l'époque : « Si on est dans le scénario d'une sortie isolée, alors la part de la dette détenue par les non-résidents augmentera. Comme on a 66 % de la dette détenue par des non-résidents, si le franc dévalue de 20 %, cela signifie un accroissement de 13,2 % de la dette publique[2]. » Les partisans de la sortie de l'euro arguent aujourd'hui du fait que, l'essentiel de la dette publique française ayant été émise sous contrat de droit français, elle serait relibellée dans la monnaie nationale, par conséquent sans aucun effet à la suite d'une dévaluation. Un terme savant est censé justifier ce point de vue : *lex monetae*.

1. Frédéric Lordon, « L'alternative de Syriza : passer sous la table ou la renverser », Les blogs du Diplo, http://blog.mondediplo.net/2015-01-19-L-alternative-de-Syriza-passer-sous-la-table-ou.

2. « Le coût d'une sortie de l'euro », RussEurope, 5 novembre 2012, russeurope.hypotheses.org/414.

Cette analyse pèche par plusieurs points. L'émission de la dette sous droit français garantit que, en cas de conflit entre l'État et ses créanciers, ce conflit serait réglé devant les tribunaux français, ce qui d'ailleurs ne garantit aucunement que l'État l'emporte, ce d'autant plus que le droit français et la Convention européenne des droits de l'homme offrent des protections juridiques contre ce qui pourrait être considéré comme une spoliation. Il y a ensuite deux cas de figure possibles. Si la zone euro éclate et que l'euro disparaît, les États devront passer entre eux une convention indiquant les taux de conversion entre l'euro et les nouvelles monnaies, les contrats en euros étant alors libellés dans les nouvelles monnaies aux taux de conversion négociés. Nul doute que les créanciers seront représentés à la table de négociation et défendront fermement leurs intérêts avec menace à l'appui. Si l'euro continue à exister comme monnaie, on ne voit pas pourquoi les créanciers, en particulier les non-résidents, accepteraient qu'une dette libellée en euros le soit désormais en une monnaie moins forte. Soit alors un accord est trouvé à travers l'activation de clauses d'action collectives [1], soit le gouvernement français passe en force. Dans les deux situations, il s'agit d'une annulation partielle de la dette. Ce qui est certes toujours possible, que ce soit avec une monnaie unique ou sans, à condition d'avoir la volonté politique de s'affronter aux marchés financiers. Reste ensuite la question des dettes entre personnes

1. Une clause d'action collective permet à une majorité qualifiée des détenteurs d'une émission obligataire d'accepter une restructuration de la dette qui sera juridiquement contraignante pour l'ensemble des détenteurs.

privées. La *lex monetae* ne peut s'appliquer si ces contrats ne sont pas rédigés sous droit français, ce qui est le cas pour beaucoup d'entreprises dont les activités se font en dollars.

Il ne s'agit donc pas d'une question juridique, contrairement à ce que pensent maintenant les partisans de la sortie de l'euro. En cas de disparition de l'euro, il faudra tenir bon à la table des négociations et trouver des alliés, ce qui suppose des compromis et donc la prise en compte des intérêts des créanciers. En cas de maintien de l'euro, ce qui n'est comme on l'a vu aucunement acquis, les créanciers pourraient alors saisir d'autres juridictions (Londres ou New York, par exemple) pour essayer de faire condamner la France. Il faudra alors refuser d'appliquer des décisions juridiques, ce qui suppose un bras de fer avec les institutions internationales et les marchés financiers. Bref, comme l'indique le Centre d'études prospectives et d'informations internationales (Cepii), «la redénomination ne pourrait intervenir qu'au terme d'un processus institutionnel et juridique très long[1]». L'application de la *lex monetae*, soi-disant nouveau sésame pour une sortie tranquille de l'euro, risque d'être plus compliquée que prévu.

Certains auteurs préconisent la mise en place d'une monnaie commune se substituant à l'euro. Les États garderaient leur monnaie nationale pour les transactions internes et auraient une monnaie partagée au niveau

1. Christophe Destais, «Lex Monetae: de quoi parle-t-on?», 14 mars 2017, Le Blog du CEPII, http://www.cepii.fr/blog/fr/post.asp?IDcommunique=507

européen servant aux échanges externes et permettant une coopération monétaire. Ce système permettrait, affirme ainsi Frédéric Lordon, de se conformer « à l'impératif catégorique de la démocratie qui s'appelle "souveraineté populaire" [1] ». Mais monnaie commune ou unique, le problème reste le même, comment maintenir une coopération monétaire dans un contexte de guerre économique ? Et pourquoi les gouvernements accepteraient dans le cadre d'une monnaie commune ce qu'ils refusent dans le cadre de l'euro ? Pour Frédéric Lordon, « l'idée de passer de l'euro actuel à un euro refait et progressiste est un songe creux. Par construction, s'il est progressiste, les marchés financiers, qui ont tout pouvoir actuellement, ne le laisseront pas advenir. » Mais pourquoi alors ces mêmes marchés financiers laisseraient advenir la monnaie commune que Frédéric Lordon appelle de ses vœux ? Qu'elle soit commune ou unique, une monnaie au service de la souveraineté populaire, européenne ou même strictement nationale, ne sera acceptée ni par les marchés financiers, ni par les oligarchies au pouvoir [2]. La question est donc de savoir comment s'y affronter et rompre avec eux.

1. Frédéric Lordon, « Contre une austérité à perpétuité, sortir de l'euro ? », *Le Monde diplomatique*, août 2013.

2. Pour une critique des apories de la monnaie commune, voir Pierre Khalfa, « Le monde enchanté de la monnaie commune », Le Club de Mediapart, https://blogs.mediapart.fr/pierre-khalfa/blog/010813/le-monde-enchante-de-la-monnaie-commune-propos-d-un-article-de-frederic-lordon.

Ni peuple européen, ni espace public européen ?

Si la sortie de l'euro s'avère être illusoire, la refondation n'est-elle pas un mirage ? Les partisans du recentrage national avancent deux arguments pour rejeter comme un leurre néfaste la perspective de refondation européenne.

Le premier renvoie à l'inexistence d'un peuple européen, en prenant argument des différences culturelles irréductibles entre les pays d'Europe. Pas de peuple européen, pas de construction européenne possible. La formation d'une communauté politique serait conditionnée à l'existence d'un substrat culturel commun [1]. L'exemple des États-Unis, pays d'immigration qui voit cohabiter nombre de communautés culturelles se référant à une appartenance nationale, montre pourtant que cette condition n'est pas indispensable. C'est, au contraire, la volonté de s'intégrer à une communauté politique, symbolisée par la Constitution des États-Unis, qui fonde l'unité de ce pays. Le « peuple » n'est pas une entité immuable tombée du ciel, mais une construction historique liée aux combats communs. Le peuple français par exemple – mais il en est ainsi de tous les peuples – n'a pas existé de toute éternité, depuis « nos ancêtres les Gaulois » ! Il s'est progressivement

1. C'est la position défendue par Christophe Ramaux, « Réhabiliter les États sociaux nationaux pour construire une Europe enfin sociale », *in* Les Économistes atterrés, *Changer l'Europe !*, Les Liens qui libèrent, 2013. Ramaux affirme même que « c'est la république qui institue des citoyens ; or il n'existe de république ni mondiale, ni européenne ». Pour nous, c'est en instituant la république que les individus deviennent des citoyens. C'est pourquoi la question de la démocratie et de sa refondation est aussi primordiale.

créé, dans la conflictualité, dans la construction de valeurs et d'intérêts communs, d'un destin partagé [1], la Révolution française en étant un des évènements fondateurs.

En considérant l'Europe future comme la simple transposition à une échelle continentale de l'État-nation unifié, cette vision de l'Europe rejoint paradoxalement celle des fédéralistes européens. Cette approche « unitariste » du cadre politique passe ainsi totalement à côté d'un fait historique nouveau : la construction en Europe d'un nouvel objet politique qui, quoi qu'on pense de sa légitimité et de sa viabilité, n'est pas le décalque de l'État-nation et ne fait pas disparaître ce dernier.

Le second argument renvoie à l'absence d'espace public européen, c'est-à-dire à l'inexistence d'un débat public qui serait d'emblée européen. Mais, pas plus qu'un peuple, un espace public n'est donné d'emblée : il résulte d'une histoire, il peut se déliter ou se renforcer selon les liens d'interdépendance symbolique ou matérielle qui s'établissent, ou non, entre citoyens de divers espaces politiques nationaux. L'émergence d'un espace public européen est un processus. Ainsi le sentiment d'appartenance européenne est-il relativement vivace chez les générations récentes, notamment au sein de la jeunesse étudiante et salariée, qui voyage et parle des langues étrangères. Il se renforcera d'autant plus que nous serons capables de porter les débats et les conflits à ce niveau et de construire des mobilisations européennes.

1. Lire à ce propos Gérard Noiriel, *Histoire populaire de la France. De la guerre de Cent Ans à nos jours*, Marseille, Agone, 2018.

Malgré leurs difficultés, l'existence et l'action de réseaux européens, comme les Attac d'Europe ou l'Alter Summit, la Confédération européenne des syndicats, même si son action n'est pas à la hauteur des nécessités actuelles, les mobilisations européennes, les partis politiques européens représentés au Parlement, tout cela participe de la construction d'un espace public européen et d'une conscience européenne. Des institutions comme le Parlement, dont on peut certes contester le statut et le fonctionnement, ont un effet structurant que nous pouvons utiliser. Il s'agit de concevoir des contre-pouvoirs et renforcer ceux dont nous disposons face aux institutions européennes pour faire vivre un espace public européen.

Les raisons stratégiques pour une refondation de l'Europe

Les raisons, présentées comme fondamentales, pour rejeter toute perspective de construction européenne sont donc fortement sujettes à caution. Il en est une autre, de nature stratégique, qui est avancée par certains. Ainsi, nous dit Cédric Durand, «tandis que les classes dominantes sont puissamment organisées et coordonnées à l'échelle européenne (et plus largement internationale), les mouvements sociaux et les organisations de gauche demeurent fragmentés géographiquement, profondément ancrés dans les rythmes de leurs espaces nationaux. Ne disposant pas de leviers institutionnels pour investir le champ stratégique européen, les salariés n'influent d'aucune manière sur l'agenda intégrationniste, qui ne peut de ce fait leur être que défavorable. Il faut donc rechercher une forme de rupture avec l'UE, ce qui implique, mécaniquement, d'en venir à un recentrage – au moins temporaire – sur un espace national de définition des politiques économiques et sociales [1]. »

On peut être d'accord avec le point de départ : le rapport de force au niveau européen est bien plus défavorable aux forces progressistes sur nombre de sujets. Mais en quoi le recentrage sur l'espace national permettrait-il d'abolir le « champ stratégique européen » ? Le repli repose sur une hypothèse de découplage immédiat et total entre le champ national et le champ européen, qui permettrait de se protéger des pressions extérieures. Mais, alors que les économies européennes sont totalement imbriquées, comment se libérer vraiment du rapport de force au niveau européen ? En outre, ce dernier peut s'avérer dans certains cas bien plus favorable qu'au niveau français. Plusieurs exemples en témoignent, sur les questions de régulation financière, de protection de l'environnement et même de droit du travail. Ainsi en est-il de certaines directives environnementales, comme la directive nitrates, qui vise à protéger les eaux contre la pollution par les nitrates d'origine agricole et qui vaut à la France d'être en contentieux régulier avec la Commission européenne pour non-respect de son application. *In fine*, abandonner le champ stratégique européen ou prétendre de façon incantatoire s'en être libéré ne peut conduire qu'à l'impuissance et, au bout du compte, laisser la voie libre à l'involution nationaliste. Car, pour la gauche de transformation sociale et

1. Cédric Durand (dir.), *En finir avec l'Europe*, *op.cit.*

écologique, nous avons besoin d'Europe d'un point de vue stratégique, et ce pour cinq raisons.

Un premier élément de réponse se trouve dans les transformations du capitalisme contemporain. La Seconde Guerre mondiale avait accouché d'un capitalisme organisé et régulé sur une base essentiellement nationale. Dans ce cadre, l'État-nation, à l'issue de grands conflits de classes, pouvait organiser des compromis institutionnels permettant de contrer la logique spontanée du capital, de borner son activité et d'assurer un certain progrès social. La situation change progressivement à partir de la fin des années 1960 pour aboutir au capitalisme financiarisé et globalisé. Les marges de manœuvre au niveau national n'ont certes pas disparu, mais elles se sont beaucoup réduites, car le capital s'est concentré et les économies européennes sont aujourd'hui fortement intégrées. Première raison, donc : face aux transnationales et aux marchés financiers, il faut un espace politique et économique qui puisse faire contrepoids. Une Europe éclatée en de multiples pays divisés laisserait chacun d'eux seul face au capital mondialisé.

La deuxième raison renvoie à la montée de la xénophobie et au regain des tensions nationalistes. Les causes en sont multiples : disparition de la domination soviétique, ravivant la question des nationalités ; poids de la crise et application brutale des thérapies néolibérales favorisant la montée apparemment irrésistible du chômage et de la précarité, propice à la recherche de boucs émissaires et de refuges identitaires ; mode de construction de l'Europe qui tend à exclure les peuples des décisions et à dévaluer l'idéal démocratique. Cette montée de la xénophobie, du racisme et des tentations autoritaires ne pourra que s'accélérer si l'éclatement, possible dans les années à venir, de la zone euro et de l'UE débouche sur des replis nationaux antagoniques et une intensification de la concurrence entre les peuples. Il est vital que dans toute l'Europe s'affirment des forces sociales et politiques en faveur d'une refondation européenne, pour que l'Europe devienne enfin un espace politique de coopération entre ses peuples.

L'UE s'est construite sur la concurrence entre les États et sur le moins-disant fiscal et social. Le dumping règne en maître. Son éclatement, loin de mettre fin à cette situation, risquerait au contraire de l'aggraver, chaque pays cherchant à accroître ses avantages concurrentiels aux dépens des autres. Mettre fin au dumping social et fiscal serait un objectif majeur d'une Europe refondée. C'est là notre troisième raison pour garder une perspective européenne.

La quatrième raison tient au fait que certains domaines nécessitent des politiques publiques qui doivent être débattues au niveau européen et qui requièrent des décisions communes fortes. C'est le cas, par exemple, des politiques de transition écologique et énergétique (transports, énergie, rénovation urbaine), qui doivent être coordonnées au niveau européen pour être pleinement efficaces. C'est menée au niveau européen qu'une politique de relance budgétaire et monétaire en ce sens aurait une efficacité démultipliée en matière de création d'emplois, pour diminuer les émissions de CO2, freiner la réduction de la biodiversité et la pollution des eaux, des sols et de l'air.

Il est une cinquième raison, décisive, qui tient aux rapports de force et d'influence dans les négociations internationales. Le monde a vu la montée de nouveaux acteurs de taille continentale, dont le poids économique va croissant. Dans cette situation, aucun des États européens, y compris les plus grands, ne peut réellement jouer un rôle déterminant tout seul. Il ne s'agit pas là de vouloir affirmer une « Europe puissance » qui rivaliserait avec les autres blocs dans la compétition économique mondiale ou dans la course pour l'accès aux ressources naturelles en voie d'épuisement. Il s'agit au contraire de construire en Europe un pôle de coopération susceptible d'enclencher en son sein une politique radicale de redistribution des richesses et de transition écologique. Ce pôle pèserait suffisamment pour influer sur les négociations climatiques mondiales, en montrant par l'exemple aux citoyens des autres régions du monde qu'on peut lutter sérieusement contre le réchauffement climatique et l'épuisement des ressources ; qu'on peut inventer des modes de vie conviviaux et attractifs en réduisant drastiquement les consommations d'énergie et de matières.

Cinq raisons donc pour garder une perspective européenne à condition qu'elle soit refondée sur des bases radicalement nouvelles : une Europe de l'harmonisation sociale par le haut, une Europe de la justice fiscale, qui met la monnaie au service de la population, qui respecte les impératifs écologiques. Bref, une Europe démocratique et solidaire. Ce qui pose la question des moyens pour y arriver.

Quelle stratégie pour une refondation ?

Trois leviers sont à notre disposition : le levier institutionnel européen, l'action des mouvements sociaux, la rupture au niveau national.

Le faible effet levier institutionnel européen

L'analyse de la construction européenne montre que l'espoir de faire bifurquer l'Union par le jeu traditionnel de la négociation bute sur le jeu intergouvernemental. Il faut l'unanimité des États pour la modification des traités ou pour prendre une décision importante, par exemple en matière de fiscalité. Même si pour nombre de sujets, c'est la majorité qualifiée [1] qui s'impose, il demeure que les compromis à l'issue de négociations intergouvernementales ne remettent jamais en cause la logique même de l'Union, fondée sur la primauté du droit de la concurrence et sur le dumping social et fiscal. Pour qu'il en aille autrement il faudrait que la grande majorité des États membres connaissent en même temps des basculements politiques et sociaux de grande ampleur, ce qui est à moyen terme hautement improbable. L'exemple de la discussion sur le Traité d'Amsterdam en 1997 est significatif. Treize pays sur quinze étaient alors gouvernés par des sociaux-démocrates. Les rapports de force auraient pu permettre de réorienter le projet européen vers plus de solidarité. Mais le traité a au contraire approfondi l'orientation néolibérale des institutions européennes. L'Europe n'a pas changé, mais la social-démocratie a définitivement perdu son âme. La négociation intergouvernementale se révèle donc incapable de changer la logique profonde de la construction européenne. Les avancées se font à la marge, et quand le *statu quo* ne prévaut pas, c'est souvent pour arriver *in fine*

1. Dans un vote à la majorité qualifiée, le vote de chaque pays est pondéré en fonction de la taille de sa population.

à une situation aggravée, quels que soient les espoirs soulevés au début des discussions.

Si la négociation intergouvernementale s'avère une impasse, qu'en est-il de l'action du Parlement européen? Nous avons vu au chapitre 1 les limites de son action encadrée par les traités, qui relèvent de la négociation entre les États, et par les décisions de la Cour de justice de l'UE, dont les décisions se fondent sur ces mêmes traités. Cependant, contrairement à ce que l'on entend souvent, le Parlement européen n'est pas un «parlement croupion» et la comparaison avec le Parlement français ne tourne pas nécessairement à l'avantage de ce dernier. Ni l'un ni l'autre ne sont à l'initiative des lois et, dans le cas français, l'utilisation d'une niche parlementaire pour présenter une proposition de loi n'a de chance d'aboutir qu'avec la majorité parlementaire et donc l'accord du gouvernement. Si le Parlement français peut théoriquement bloquer un projet de loi du gouvernement, il en est tout autrement dans la pratique, les parlementaires de la majorité étant soumis à une logique institutionnelle qui les rend, *in fine*, solidaires du gouvernement. Avec l'instauration de la codécision dans de nombreux domaines, le Parlement européen peut par contre bloquer une directive ou modifier en profondeur des règlements en cas de désaccord avec le Conseil, à l'issue d'une procédure d'amendements et d'allers-retours avec le Conseil, ce qui est déjà arrivé à de nombreuses reprises. Cette possibilité lui donne un pouvoir de nuisance dont le Conseil et la Commission doivent tenir compte et il a ainsi la possibilité de modifier, quelquefois positivement, les projets de directives et règlements impulsés par la Commission. Il peut donc y avoir des petits pas en avant sur tel ou tel sujet, mais ils restent de portée limitée.

La politique des petits pas, prônée notamment par la social-démocratie, vise à essayer d'utiliser les marges de manœuvre existant dans les traités. Ces marges de manœuvre sont réelles et l'application des traités dépend, pour beaucoup, des rapports de force. Il n'y a aucun déterminisme juridique. La Commission multiplie en vertu de l'article 258 du TFUE (Traité sur le fonctionnement de l'UE) les procédures d'infraction contre les États qui ne respectent pas le droit européen et saisit si besoin la Cour de justice européenne. Mais ces procédures ont parfois été abandonnées en route. Lors de la crise financière de 2008, la Commission a fermé les yeux sur les aides massives accordées aux banques par les États européens, au mépris total des règles interdisant le soutien public aux entreprises privées. Quant à la BCE, cœur du cœur de la doxa euro-libérale, elle s'est résignée à outrepasser son mandat inscrit dans les traités européens pour éviter l'explosion de la zone euro (voir chapitre 2). Contrairement à ce que l'on voudrait nous faire croire, les traités ne sont donc pas gravés dans le marbre et l'UE a su s'adapter pour que le système ne s'effondre pas, mais leur respect est exigé dès qu'il s'agit de combattre toute remise en cause profonde du néolibéralisme.

Lancé au niveau européen par plus de 120 intellectuels, juristes, historiens, économistes, responsables politiques, et porté en France par Thomas Piketty, le *Manifeste pour la démocratisation de l'Europe*[1] propose « un projet de Traité de démocratisation (de l'UE) et un

1. *Manifeste pour la démocratisation de l'Europe*, http://tdem.eu.

projet de Budget, qui peuvent être adoptés et appliqués en l'état par les pays qui le souhaitent». Au-delà des propositions concrètes, c'est l'objectif et la faisabilité d'une telle proposition qu'il faut examiner. Le *Manifeste* veut visiblement rassurer les pays les plus hostiles à tout changement en Europe. Ainsi, nous dit-il, «Il ne s'agit pas ici de créer une "Europe des transferts" qui chercherait à prendre l'argent des pays "vertueux" pour le donner à ceux qui le seraient moins», et de préciser: «Le véritable enjeu est ailleurs: il s'agit avant tout de réduire les inégalités à *l'intérieur* des différents pays et d'investir dans l'avenir de *tous* les Européens, à commencer bien sûr par les plus jeunes d'entre eux, sans favoriser un pays plutôt qu'un autre.» Les différences de niveau de développement entre les pays de l'Union et le dumping fiscal et social en Europe sont donc acceptés et aucune politique de convergence n'est envisagée.

Les promoteurs du *Manifeste* sont bien obligés de reconnaître que «seule une révision générale des traités européens permettrait d'offrir le cadre institutionnel capable de corriger les défauts d'origine de l'Union économique et monétaire [1]», mais prenant à juste titre acte du «caractère peu probable à court terme d'une telle option», ils font comme si ces derniers n'existaient pas. Ainsi proposent-ils un nouveau traité largement contradictoire avec les traités actuels. Mais par qui un tel traité pourrait-il être signé et pourquoi des gouvernements qui refusent obstinément de revenir sur les traités actuels s'y engageraient-ils? Partis d'une posture se voulant réaliste, les promoteurs du

1. Http://tdem.eu/le-traite/.

Manifeste sont amenés à réviser à la baisse leurs ambitions sans pour cela trouver la faille qui permettrait qu'elles soient traduites dans la réalité.

Construire des mobilisations sociales et citoyennes en Europe

Peser sur la construction européenne suppose de créer les rapports de force nécessaires. L'irruption des mouvements citoyens et sociaux est donc nécessaire pour rebattre les cartes. Pour autant ces mobilisations influencent encore peu les politiques nationales et les instances européennes. L'échec du Forum social européen, les tentatives limitées de l'Alter Summit ou du réseau des Attac d'Europe, l'absence de détermination de la Confédération européenne des syndicats (CES), la faible portée des diverses mobilisations européennes montre qu'il est encore très difficile de construire des rapports de force à l'échelle européenne. L'absence de mobilisation d'ampleur en Europe pour soutenir le gouvernement Syriza, étranglé financièrement par les institutions européennes, a été une des causes de son échec.

Des mobilisations européennes ont certes déjà rencontré certains succès. Cela a été le cas lors de la discussion sur la directive Bolkestein, heureusement vidée de son contenu grâce à une mobilisation des citoyens européens qui a alerté l'opinion publique suite aux référendums sur le Traité constitutionnel européen, ou lorsque le Parlement européen a rejeté la directive portuaire à la suite de la mobilisation européenne des dockers. La grève européenne du 14 novembre 2012 est un exemple de ce qu'il serait possible de faire. Au Portugal et en Espagne, elle a été massivement suivie, et dans une moindre mesure en Grèce, en Italie et dans plusieurs autres pays. Elle a eu un retentissement politique et médiatique remarquable, hélas sans lendemain. Aujourd'hui des coordinations de lutte tentent de se mettre en place au niveau européen. Cela a été le cas avec Ryanair, qui a été contraint, en novembre 2018, de signer des accords dans plusieurs pays européens l'obligeant à respecter le droit du travail suite aux mobilisations européennes organisées simultanément dans plusieurs pays. De même, a eu lieu à Bruxelles, les 25 et 26 octobre 2018, une rencontre européenne des coursiers venant de onze pays pour s'organiser et lutter pour de bonnes conditions de travail pour toutes et tous.

Le renforcement et la coordination des mouvements de résistance aux actuelles politiques européennes, l'affirmation dans les luttes sociales de solidarités concrètes et d'exigences communes sont des éléments décisifs pour rendre crédible cette autre Europe dont nous avons besoin et pour peser sur les multinationales et les politiques européennes. Beaucoup dépendra donc des capacités de mobilisation et d'innovation des mouvements sociaux.

Pour autant, aussi puissantes et créatives que puissent devenir ces mobilisations de la société civile, elles ne pourront évidemment pas enclencher une réelle inversion de la logique de la construction européenne sans passer par des ruptures gouvernementales. En effet, pour qu'elles puissent durer et se généraliser, les initiatives des citoyens devront s'appuyer sur de nouvelles politiques publiques mises en place par des gouvernements de transformation écologique et sociale.

Désobéir aux traités européens

La rupture au niveau national est donc un levier indispensable. Il s'agit de sortir du dilemme dans lequel veulent nous enfermer les partisans de l'Europe telle qu'elle est: «Soit vous acceptez la situation actuelle, soit vous sortez de l'euro.» L'impuissance ou l'aventure? Tel serait le choix. Il existe pourtant une troisième voie pour les peuples européens. Elle passe par un affrontement avec les institutions européennes et les marchés financiers. Aucun changement substantiel n'aura lieu sans ouvrir une crise majeure en Europe et sans s'appuyer sur les mobilisations populaires. Un gouvernement de gauche devrait expliquer qu'il est attaché à la construction européenne, mais qu'il refuse au nom de celle-ci que les droits sociaux soient détruits et les populations paupérisées.

Il devrait tenir le discours suivant: «L'euro est notre monnaie. Mais les traités l'ont placée sous la domination de la finance. La BCE finance les banques privées à taux nul et celles-ci prêtent ensuite aux États à des taux exorbitants. Nous ne voulons plus être soumis aux marchés financiers. Nous voulons faire fonctionner l'euro au service des besoins sociaux et écologiques. Nous voulons placer nos banques sous contrôle citoyen pour qu'elles servent les vrais besoins de la société et non l'avidité de leurs actionnaires. Nous voulons pouvoir nous extraire du droit de la concurrence européen et relocaliser nos activités quand c'est nécessaire pour la transition écologique et le progrès social. Nous voulons mettre fin au dumping fiscal et social et nous protéger des productions et consommations néfastes pour la santé et l'environnement. Nous commençons à le faire dans notre pays. Nous invitons les mouvements sociaux et les peuples européens à faire de même partout, pour nous réapproprier ensemble notre monnaie et refonder l'UE sur d'autres bases. »

Le gouvernement en question prendrait alors un certain nombre de mesures unilatérales en expliquant qu'elles ont vocation à être étendues à l'échelle européenne. Il s'agit de mesures unilatérales coopératives, en ce sens qu'elles ne sont dirigées contre aucun pays, contrairement aux dévaluations compétitives, mais contre une logique économique et politique et que, plus le nombre de pays les adoptant est important, plus leur efficacité grandit. C'est donc au nom d'une autre conception de l'Europe qu'un gouvernement de gauche devrait mettre en œuvre des mesures qui rompent avec la construction actuelle de l'Europe. Fondamentalement, il s'agit d'engager un processus de désobéissance aux traités et par là même de s'affronter aux institutions européennes. Une telle attitude montrerait concrètement qu'il existe des alternatives aux politiques néolibérales. Elle mettrait les gouvernements européens au pied du mur et les confronterait à leur opinion publique. Elle serait un encouragement pour les peuples à se mobiliser. Un discours résolument pro-européen, tourné vers la démocratie, la justice sociale et environnementale, pourrait trouver un écho considérable auprès des autres peuples européens et des mouvements sociaux. La sortie de l'euro n'est donc pas un préalable pour mener une politique de rupture avec le néolibéralisme. Toute une série de mesures peuvent ainsi être prises (voir *infra*) sans sortir de l'euro à condition d'assumer un conflit politique majeur. Dans l'inévitable bras de fer avec les institutions européennes, la sortie de l'euro devrait au contraire être utilisée comme une menace dans la construction des rapports de force.

Quelle serait l'issue de ce bras de fer ? Elle n'est pas donnée d'avance. Comme l'a montré l'exemple de la Grèce (voir encart, pages 75 et suiv.), les dirigeants européens tenteront de mettre en œuvre des représailles et les marchés financiers seront à l'œuvre pour s'attaquer au pays qui oserait rompre avec la *doxa* néolibérale. On menacera le peuple désobéissant d'un boycott économique total – une menace plus crédible d'ailleurs contre les petits pays que contre les plus grands, en particulier la France. Une exclusion forcée du pays rebelle, même si le Traité de Lisbonne ne prévoit aucune possibilité d'exclure un pays de la zone euro, serait-elle possible comme la Grèce en avait été menacée ? Un effet domino progressiste pourrait-il gagner d'autres pays qui scissionneraient pour instaurer un euro *bis*, avec des innovations fiscales et budgétaires, solidaires et écologiques, qui le rendraient viable ? Y aurait-il un basculement de la zone euro elle-même par une refonte des traités ? Il est impossible répondre à ces questions *a priori*. Tout dépendra des rapports de force qui pourront être construits à l'échelle européenne. Cette perspective rejoint celle défendue par Cédric Durand qui parle d'un « principe de « désintégration/réintégration sélective [qui] vise à dépasser l'aporie d'un européisme ingénu sans rien concéder aux sirènes nationalistes [1] ».

1. Cédric Durand, « Les prolétaires n'ont pas d'Europe », *Contretemps.eu*, juin 2018.

Mais un gouvernement de transformation sociale et écologique devra tirer les leçons de l'expérience grecque pour ne pas reproduire les erreurs qui ont amené à la capitulation du gouvernement Syriza[1]. Il s'agit donc de préciser dès maintenant les mesures à prendre pour se protéger de l'étranglement financier.

Quelle politique de rupture ?

Un gouvernement progressiste aura pour objectif prioritaire de sortir de l'austérité budgétaire et salariale imposée par les traités européens, pour une transition écologique et sociale de notre économie. Certaines mesures pourront être décidées sans qu'il soit nécessaire de s'opposer aux traités européens. Mais d'autres mesures amèneront immédiatement l'hostilité des autorités européennes (Commission et BCE), ainsi que celle des marchés financiers et des détenteurs du capital. Elles assureront aussi au gouvernement le soutien de la majorité de la population, ce qui sera nécessaire à la mise en œuvre de ses réformes. La France n'est pas la Grèce. Du fait de son poids économique et politique, son refus d'appliquer les traités menacera l'existence de l'euro et de l'UE. Cette menace pourrait obliger les autorités européennes à accepter de négocier avec le gouvernement français. La France n'aura pas intérêt à rester isolée. Elle pourra chercher à faire alliance avec d'autres pays membres pour créer un rapport de force au

1. Sur ce point, voir Alexis Cukier, Pierre Khalfa (coord.), *Europe, l'expérience grecque. Le débat stratégique*, Vulaines-sur-Seine, Le Croquant, 2015.

sein de la zone euro et avec les autorités européennes. Pour sortir du carcan des traités européens, et résister à la pression des marchés, le gouvernement devra agir sur plusieurs fronts simultanément et rapidement.

Mettre en œuvre une réforme fiscale ambitieuse

Comme le mouvement des « Gilets jaunes » l'a illustré, la question de la justice fiscale est liée étroitement à celle de la justice sociale. L'objectif d'une réforme fiscale est double, redonner des marges de manœuvre budgétaires à la puissance publique – la réduction de la fiscalité de l'État est une des sources principales de l'accroissement de la dette publique – et mettre en œuvre un impératif de justice en faisant en sorte que les ménages les plus riches et les entreprises les plus profitables participent au financement du bien commun. Il s'agit politiquement de refonder le consentement à l'impôt et financièrement de dégager les ressources nécessaires au financement de la transition écologique et au développement des services publics.

Sans entrer ici dans les détails[1], notons quelques mesures à prendre : rétablissement et refondation de l'impôt de solidarité sur la fortune (ISF), qui doit pouvoir englober les biens professionnels et les œuvres d'art ; refonte de l'impôt sur le revenu avec création de nouvelles tranches pour le rendre plus progressif ; refonte de l'impôt sur les sociétés afin que les multinationales soient beaucoup plus taxées ; suppression de certaines niches fiscales

1. Pour une vue globale des questions fiscales, voir Fondation Copernic, *Un impôt juste pour une société juste*, Syllepse, 2014 et Attac, *Toujours plus pour les riches. Manifeste pour une fiscalité juste*, Les Liens qui libèrent, 2018.

« nuisibles ». En soi, ces mesures ne s'opposent pas aux traités européens, mais sont actuellement rejetées par les gouvernements français au nom de la compétitivité et du risque de fuite des capitaux. C'est pourquoi il sera important aussi de mettre en œuvre des mesures de contrôle des capitaux (*cf.* ci-dessous).

Ne pas se soumettre à la logique libre-échangiste

Au sein de la gauche antilibérale, le protectionnisme fait débat. Pour certains, le « protectionnisme solidaire » serait utile car il permettrait de contraindre les échanges commerciaux à prendre en compte la crise écologique et à tenir compte du dumping social. Il s'agirait de taxer plus ou moins fortement des produits fabriqués dans des conditions sociales et écologiques ne respectant pas les critères du pays vers lequel ils sont exportés. Les revenus issus de ces taxations pourraient venir alimenter des fonds dans les pays pauvres pour favoriser leur développement.

D'autres considèrent que la mise en place de mesures protectionnistes aggraverait sensiblement la guerre commerciale entre les nations, car les pays qui y seraient confrontés mettraient en place des mesures de rétorsion et feraient payer d'une manière ou d'une autre aux salariés le différentiel de compétitivité ainsi créé. De plus, protéger, par exemple, les entreprises françaises des importations issues des pays à bas coûts ne garantira en rien que la situation de leurs salariés s'améliorera. La déflation salariale et le chômage de masse n'ont pas attendu le développement du libre-échange mondialisé pour s'imposer et les délocalisations ne sont pas la principale cause du développement du chômage en France.

Au-delà de ce débat, un consensus peut facilement se faire sur l'idée de protéger la santé des consommateurs et d'interdire l'importation dans le pays de produits issus de processus de fabrication nocifs (pour la santé humaine, animale et végétale) et/ou polluants. Ainsi, depuis 2016, le gouvernement a interdit les importations de cerises fraîches traitées par le diméthoate, dès lors qu'elles proviennent de pays n'ayant pas interdit cet insecticide. Celui-ci est considéré comme nocif pour la santé, notamment des travailleurs agricoles, et pour la faune [1]. Preuve qu'une telle interdiction est d'ores et déjà possible. Le gouvernement pourrait également mettre en place des taxes sur la distance de transport des marchandises pour inciter à relocaliser certaines activités, au nom des coûts écologiques de transport, du soutien de l'emploi local et de la réappropriation par les citoyens des façons de produire ce qu'ils consomment. De même, le gouvernement et les collectivités locales pourraient beaucoup plus clairement qu'aujourd'hui avantager les producteurs locaux dans les appels d'offres publics, dans l'objectif d'une transition écologique et sociale des territoires, par exemple pour les produits agroalimentaires à destination de la restauration collective. Si certaines collectivités territoriales mènent déjà des expériences singulières, parfois exemplaires, pour favoriser des filières locales et de qualité – ce qui nécessite bien souvent de bricoler dans les interstices des règles qui encadrent la passation des marchés

1. Avis de l'Agence nationale de sécurité sanitaire de l'alimentation, de l'environnement et du travail (Anses), qui a retiré le 1er février 2016 l'autorisation de mise sur le marché de ce produit.

publics –, il serait souhaitable de revoir ces règles à l'aune de l'impératif de la transition écologique et sociale.

Remettre en cause la libre circulation des capitaux

L'arrivée au pouvoir d'un gouvernement décidé à remettre en cause les règles européennes suscitera immédiatement une réaction des marchés financiers, qui spéculeront sur la dette publique, comme cela a été le cas pour la Grèce. Par ailleurs, se produiront des sorties de capitaux des nationaux résidents destinées à éviter de se conformer aux nouvelles mesures réglementaires et fiscales du gouvernement. L'instauration d'un contrôle des capitaux est nécessaire pour contrer cette réaction des milieux financiers. Ces contrôles des capitaux pourront prendre plusieurs formes.

Tout d'abord, l'instauration d'une taxe sur les transactions financières. Le gouvernement pourra demander la mise en application de la directive sur les transactions financières, négociée par 10 pays de l'Union, dont la France, l'Allemagne, l'Italie et l'Espagne, dans le cadre d'une coopération renforcée. Dénoncée par le gouvernement Macron, la transposition en droit national de cette directive permettra de freiner les mouvements de capitaux spéculatifs, et de financer une partie des investissements publics nécessaires à la transition écologique, aux niveaux européen et/ou français.

Les autorités françaises devront mettre en place un contrôle des entrées de capitaux par l'instauration de réserves obligatoires qui limitent les opérations spéculatives, sans freiner les investissements entrants productifs. Cette technique a fait ses preuves dans plusieurs pays, notamment au Chili dans les années 1990[1]. Par ailleurs, un contrôle quantitatif des sorties de capitaux sera mis en œuvre, comme cela a déjà été fait avec succès dans le passé par la France[2], et des pays émergents. Cette politique sera couplée avec les mesures de lutte contre l'évasion fiscale, telles que l'obligation de *reporting* public[3] par les entreprises et les banques multinationales concernant les opérations de leurs filiales à l'étranger et dans les paradis fiscaux.

Impulser une réforme bancaire et financière

Le système financier est dominé, en France comme dans la plupart des pays de l'UE, par de grands groupes bancaires qui présentent un double danger. Leur fonctionnement est largement dominé par la logique du rendement financier à court terme et ne permet pas le financement des investissements à long terme vers l'appareil productif et la transition écologique. Par leur taille et leurs interconnexions, ces banques dites « systémiques » présentent un risque majeur pour la stabilité du système financier.

Le gouvernement mettra en œuvre trois séries de réformes. En premier lieu, il exigera l'application pour les

1. Le Chili a lutté avec succès contre la spéculation en obligeant les investisseurs étrangers à déposer pendant 6 mois leur capitaux sans rémunération, ce qui revient à imposer des réserves obligatoires.

2. En imposant un plafond annuel aux exportations de capitaux à l'étranger, ou à l'achat de devises étrangères.

3. Déclaration annuelle, rendue publique, sur l'activité des filiales à l'étranger. Le Parlement européen a émis un vote positif sur le *reporting* aux services fiscaux, mais n'est pas allé jusqu'à reconnaître que ce *reporting* doit être rendu public.

groupes bancaires français de la directive sur la séparation des activités de banque de détail au service des particuliers et des PME, et des activités de banques d'affaires, tournées vers les opérations de marché, de nature spéculative. Élaborée par la Commission européenne, cette directive a été abandonnée, sous la pression des lobbys bancaires, notamment français. Cette séparation a déjà été mise en œuvre dans le passé aux États-Unis et en France. Ses effets positifs ont été démontrés par de nombreux travaux.

En second lieu, le gouvernement devra œuvrer à la mise en place d'une grande banque publique de développement, regroupant notamment la Caisse des dépôts et consignations et sa filiale la Banque publique d'investissement, l'Agence française de développement et la Banque postale. Cette banque publique sera tournée en priorité vers l'aménagement du territoire et le financement de la transition. Elle canalisera l'épargne populaire – livrets A, livrets de développement durable et solidaire – en exigeant que les fonds soient intégralement orientés vers des financements non toxiques et d'intérêt général. Son fonctionnement devra être radicalement différent du projet de pôle financier public, lancé par le gouvernement Macron et qui ne rompt pas avec la logique financière des banques privées.

Enfin, les autorités françaises devront prendre des mesures destinées à «désarmer les marchés», par l'interdiction des opérations purement spéculatives (ventes à découvert, trading à haute fréquence...).

Mettre la monnaie au service de la société et de la transition

La grande crise financière de 2008 a obligé la Banque centrale européenne (BCE) à évoluer, avec la remise en cause de sa ligne tenue jusqu'à présent : la priorité à la lutte contre l'inflation au détriment de l'emploi, l'investissement et de la stabilité financière. Le gouvernement devra mener une bataille à l'échelle européenne pour que l'Eurosystème, qui regroupe la BCE et les banques centrales nationales, soit désormais au service des impératifs de la société, particulièrement le plein-emploi et la transition écologique. Dans cette perspective, le gouvernement se battra pour que les autorités monétaires européennes se conforment à trois principes : la BCE devra assurer le refinancement des établissements bancaires publics, et en particulier la banque publique de développement bancaire (voir ci-dessus), en application de l'article 123-2 du Traité sur le fonctionnement de l'UE, qui prévoit le refinancement par la BCE de tous les établissements, publics et privés ; la BCE devra jouer son rôle de prêteur en dernier ressort des États, par des achats des titres de la dette publique à l'émission (marché primaire), comme cela a été pratiqué par la Fed et la Banque d'Angleterre lors de la crise financière ; la BCE devra contrôler les opérations de crédit afin que soit abandonné le financement des secteurs fondés sur les énergies fossiles, et donner la priorité aux activités « vertes », notamment celles économes en énergies et utilisatrices d'énergies renouvelables (*qualitative easing*) [1].

1. Jusqu'ici, la BCE s'est refusée à cibler ses opérations sur certains secteurs, au nom de la « neutralité » de la politique monétaire…

Il est cependant fort probable que, au moins dans un premier temps, la BCE et les institutions européennes refusent de s'engager dans une telle voie qui suppose, de fait, une rupture avec les traités européens actuels, remettant notamment en cause l'indépendance de la BCE. Les banques françaises étant des établissements systémiques, c'est-à-dire que leurs éventuels problèmes auraient des conséquences majeures sur le système financier européen, il est peu probable que la BCE mette en difficulté leur refinancement en refusant d'accepter les obligations d'État en collatéraux (garanties). Si tel était cependant le cas – ce qui fut imposé à la Grèce –, cela mettrait aussi en grande difficulté le financement de l'État et cela justifierait d'autant plus la création d'une monnaie fiscale adossée sur le « circuit du Trésor ».

Créer un instrument de paiement complémentaire pour échapper à l'étranglement financier

Pour contrer la pénurie de liquidités provoquée par la fuite des capitaux et une décision de la BCE, outre le contrôle des capitaux, il est possible de créer un système de paiement indépendant du système bancaire commercial, instrumentant une « monnaie fiscale » complémentaire à l'euro et dont la parité avec celui-ci serait garantie par les recettes fiscales. Il s'agirait pour l'État de mettre en circulation un moyen de paiement spécifique en l'utilisant pour payer une fraction tant des salaires de ses fonctionnaires et des prestations sociales que des factures de ses fournisseurs. L'acceptation par le public de cet instrument de paiement serait fondée sur la possibilité, garantie par l'État, de l'utiliser pour payer, à parité avec l'euro, les impôts et cotisations sociales.

Cet outil, qu'on pourrait appeler « bon d'achat et de règlement fiscal » [1], serait un moyen de paiement électronique crédité sur des comptes courants auprès du Trésor public (ou une autre entité habilitée) ouverts aux bénéficiaires et contribuables, et circulant via des paiements par téléphone portable (par SMS ou une application dédiée). Il permettrait de relever plusieurs défis de court terme : relancer l'économie locale, financer les services publics de base et réduire immédiatement la dette de court terme (« dette flottante ») en recourant pour la financer non plus aux marchés financiers, mais à une compensation généralisée des dettes entre créanciers (salariés, allocataires et prestataires) et débiteurs (contribuables) de l'État. Non connecté aux marchés monétaires internationaux, un tel système de paiement serait à l'abri de la spéculation et au service d'une amélioration des conditions de vie des catégories populaires.

Instituer un tel système de paiement constituerait un geste autant politique qu'économique, qui s'appuierait sur le soutien de la population à un gouvernement légitimement élu pour procéder à des transformations profondes malgré les diktats de la BCE. Le réseau de circulation des bons d'achat et de règlement fiscal s'étendrait *a priori* à l'agriculture, à la petite production marchande et aux circuits de distribution des biens de première nécessité. Sa

1. On ne l'appellerait pas « monnaie » pour éviter la confusion avec un projet de sortie de l'euro et de retour à une monnaie nationale, confusion dont les autorités financières européennes pourraient profiter pour décréter le blocus financier du pays. Cette précaution est par ailleurs justifiée par le fait qu'il ne s'agirait pas *de facto* d'une monnaie au sens juridique du terme.

finalité n'est pas en effet de renforcer la compétitivité à l'exportation par une dévaluation de la monnaie nationale en sortant de l'euro, mais de dynamiser la consommation populaire et les services publics, en favorisant la mobilisation populaire et l'extension de formes d'auto-organisation et de solidarités exprimant aussi une façon de vivre et produire autrement.

Reprendre le contrôle de la dette « souveraine » pour réduire la tutelle des marchés

Toute tentative pour rompre avec les politiques néolibérales se heurte immédiatement à l'hostilité des marchés, défenseurs des créanciers internationaux. La Grèce et le gouvernement Syriza l'ont appris à leurs dépens. Bien que le cas de la Grèce soit un cas particulier, il est probable qu'un gouvernement de la gauche radicale subirait une sanction des marchés financiers et verrait le taux auquel il emprunte exploser.

Plusieurs mesures sont nécessaires pour limiter l'emprise des marchés. Outre une réforme fiscale (voir *supra*) et les contrôles de capitaux déjà mentionnés, destinés à limiter la spéculation, une négociation doit s'engager avec les créanciers pour obtenir une restructuration de la dette publique. Celle-ci doit permettre de rééchelonner son remboursement dans le temps et d'en réduire le coût. Afin de créer un rapport de force politique face aux créanciers, un audit de la dette mené par des citoyens et des élus doit être organisé, qui permettra de montrer les exigences exorbitantes des créanciers et de faire apparaître au grand jour les causes de la dette, en particulier l'évasion fiscale pratiquée par les grandes banques, principales détentrices de la dette publique. Le gouvernement grec avait mis en place un tel audit, mais a commis l'erreur politique de ne pas se prévaloir de cet audit, pourtant édifiant !

Un deuxième moyen de reprendre le contrôle de la dette publique, détenue pour la plus grande part par des investisseurs internationaux, est de « nationaliser » celle-ci, sur le modèle du Japon, où la dette publique est détenue à près de 100 % par des institutions financières nationales. Dans ce but, la dette publique nouvellement émise devra être financée par l'épargne populaire canalisée par la Caisse des dépôts et consignations, l'une des composantes de la Banque publique de développement nouvellement créée (voir *supra*). Enfin, une partie de la dette publique pourrait être acquise par la BCE, dans le cadre de sa fonction de prêteur en dernier ressort, ainsi que mentionné précédemment.

Conclusion

Au début, l'Europe était un projet, un beau projet. En effet, au lendemain des deux massacres que représentèrent les guerres mondiales successives dont l'Europe fut l'épicentre, la perspective d'une «union sans cesse plus étroite entre les peuples européens» que promettait de construire le Traité de Rome à travers la CEE, se voulait d'abord gage de paix et de développement commun et solidaire. La PAC comme la mise en place des instruments efficaces d'une politique de «fonds structurels» en témoignèrent concrètement.

La suite s'écrivit différemment à partir de l'Acte unique de 1986 dans la CEE, d'abord, puis dans l'UE, à partir de 1993 avec le Traité de Maastricht qui en fit la création. Depuis sa naissance donc, l'UE s'est ainsi tout entière inscrite dans des procédures et des institutions propres au néolibéralisme. Et ses évolutions institutionnelles successives, Traité de Lisbonne, «*Six-pack*», «*Two-pack*» et, enfin, TSCG, n'ont fait qu'approfondir cette inscription pour aboutir à un fédéralisme autoritaire. L'UE est d'abord un espace soumis au dumping social et fiscal, régi par la prééminence du droit de la concurrence et la liberté d'entreprendre. Cela alors même que ses élargissements successifs n'ont fait qu'accroître l'hétérogénéité économique et sociale de ses États membres, ce qui aurait dû, au contraire, conduire à un surcroît de solidarité. On a pu voir au fil de ce livre ce qu'il en advint.

Aujourd'hui après dix pleines années de crise non seulement mondiale, mais aussi spécifiquement européenne, passées tant bien que mal grâce à une politique de *quantitative easing* de la BCE, qui aura permis d'anesthésier les problèmes sans pour autant les traiter mais qui désormais s'achève, l'UE est à la croisée des chemins. L'Europe telle qu'elle est, est en effet l'objet d'une défiance massive des peuples, jusqu'à susciter une volonté de sortie. Mais précisément les avatars du Brexit montrent éloquemment combien une sortie unilatérale d'un ensemble aux économies fortement intriquées s'avère complexe, difficile et, en définitive, lourde de péril. Encore le Royaume-Uni n'est-il pas membre de la zone euro. Un éventuel Frexit n'en serait donc, nous nous sommes efforcés de le montrer, que plus périlleux encore.

Alors, entre le carcan des traités et le péril avéré de la sortie, que choisir ? Ni l'un, ni l'autre, à vrai dire. Reprendre l'exercice d'une pleine souveraineté citoyenne qui a été perdue, et pour cela désobéir aux traités, c'est affirmer la primauté de la démocratie contre les règles qui lui ont été imposées en dépit d'elle-même et qu'elle ne veut plus subir. Face aux traités, donc, la démocratie, pour, enfin, construire l'Europe solidaire que nous voulons.

Table

Introduction 7

Chapitre 1. De continuité en ruptures, l'imposition progressive du néolibéralisme 15

Le Marché commun : un libéralisme encadré 17

Encart : Politique agricole commune : le démantèlement 20

La rupture de l'Acte unique 25

L'installation dans le néolibéralisme 34

Encart : Une politique régionale européenne pour quelle «cohésion» ? 37

La mise en place d'un fédéralisme autoritaire 40

Encart : Une politique commerciale de l'UE ultralibérale 47

Chapitre 2. L'euro, monnaie unique incomplète, instrument de la domination néolibérale 53

Le péché originel de l'euro 54

Le projet caché de l'euro : l'austérité 58

1999-2007 : de la création de l'euro à la crise 62

2008-2010 : la (brève) parenthèse keynésienne 66
Encart : Les causes européennes de la crise grecque 69
2008-2018 : la BCE, sauveur suprême 76
Encart : La déflation 79
Aujourd'hui : l'accumulation des tensions 85
Un système bancaire non purgé 85
Target 2 : Les déséquilibres intérieurs s'aggravent 88
Un déséquilibre nouveau : l'excédent des paiements courants de la zone euro 92
Encart : L'Allemagne et la crise européenne 95
Et maintenant ? 99

Chapitre 3. Le naufrage de la solidarité européenne 101
Une dynamique néofasciste en Europe 101
Une extrême droite hétérogène 105
Politique migratoire : « laissez-les mourir, cela les dissuadera ! » 108
Encart : Italie, affrontement en trompe-l'œil 111

Chapitre 4. Quelles résistances à l'Europe néolibérale ? 115
L'embellie des années 1990 115
Face à l'austérité 117
Un exemple de résistance : les villes rebelles et refuges 120
De quelques ingrédients nécessaires à la recette municipaliste 120
Les problématiques prises en charge à l'échelle municipale 121
Les défis restant encore à relever 123
Vers un municipalisme français et européen ? 124
Et maintenant ? 125
Encart : Climat et écologie: claironner une ambition ne fait pas une politique ambitieuse 129

Chapitre 5. Désobéir aux traités européens pour reconstruire l'Europe 135
La sortie, remède illusoire 135
Encart : Brexit, le peuple contre le peuple? 136

Table

Ni peuple européen, ni espace public européen ? 151
Les raisons stratégiques pour une refondation de l'Europe 153
Quelle stratégie pour une refondation ? 157
Le faible effet levier institutionnel européen 158
Construire des mobilisations sociales et citoyennes en Europe 162
Désobéir aux traités européens 164
Quelle politique de rupture ? 167
Mettre en œuvre une réforme fiscale ambitieuse 168
Ne pas se soumettre à la logique libre-échangiste 169
Remettre en cause la libre circulation des capitaux 171
Impulser une réforme bancaire et financière 172
Mettre la monnaie au service de la société et de la transition 174
Créer un instrument de paiement complémentaire pour échapper à l'étranglement financier 175
Reprendre le contrôle de la dette « souveraine » pour réduire la tutelle des marchés 177

Conclusion 179

Achevé d'imprimer en février 2019
par Normandie Roto Impression s.a.s.
Dépôt légal : mars 2019
N° impr : 1805603
Imprimé en France